Hannelore Freund und Maud Amlang

Kurs zur Verhaltensmodifikation bei mehrfach und autistisch behinderten Menschen

Materialie Nr. 43

dgvt Verlag

Deutsche Gesellschaft für Verhaltenstherapie
Tübingen
2000

Kontaktadresse der Autorinnen:

Dr. med. Hannelore Freund

Maud Amlang

Beratungsstelle + Ambulanz für
Menschen mit autistischer Behinderung
Außenstelle des St. Marien Krankenhauses
Dornblüthstr. 28

01277 Dresden

Die Deutsche Bibliothek - CIP-Einheitsaufnahme

Ein Titeldatensatz für diese Publikation ist bei der
Deutschen Bibliothek erhältlich

Hechinger Str. 203
72072 Tübingen

Umschlagbild: Franz, 9 Jahre alt, autistische Behinderung. Das Bild entstand in einer Kunsttherapiestunde in der Dresdner Ambulanz am 13.03.1998
Satz: Iris Belz, Reutlingen
Druck: druckhaus köthen, Köthen

ISBN 3-87159-343-5

Vorwort

Die DDR vor der Wende war auch in der Autismusforschung ein anderes Land.

Während in der Bundesrepublik in den 70er Jahren allmählich amerikanisch-englische Literatur rezipiert wurde und zum Teil in die Behindertenpädagogik und Therapieforschung einging, dominierten in der DDR sowjetische Einflüsse (Lurija, Wygotzki etc.).

Neu (und heftig umstritten) war damals auch in der Bundesrepublik ein Therapie-Ansatz, der über einige Jahre hinweg in den USA und in England entwickelt worden war und sich in der Evaluation von Therapie-Programmen als besonders erfolgreich, speziell für autistische Menschen, gezeigt hatte: die Verhaltensmodifikation (behavior modification). Sie wurde über kalifornische Programme (Prof. Lovaas, Los Angeles) 1970 auch in Deutschland übernommen (Max-Planck-Institut für Psychiatrie, München).

Das „Bremer Projekt" war der erste Modellversuch, bei dem die Methoden in der Bundesrepublik systematisch an autistischen Schülern erprobt und evaluiert wurden. Sie erwiesen sich als besonders erfolgreich und konnten – das war damals neu – ihre Erfolge mit Daten (Lernkurven) belegen. Dazu war eine wissenschaftliche Begleitung eingesetzt worden. Im drittenTeil des Modellversuchs sollten diese Ansätze nun auch an andere Lehrer/Therapeuten autistischer Kinder weitergegeben werden.

Im Rahmen dieser Lehrerfortbildung hatte ich mir vorgenommen, diese Kurse auch in der DDR anzubieten. Das erwies sich als äußerst schwierig, da Therapeutenteams des „Bremer Projekts" mit Videokameras etc. einreisen mußten. Trotz dieser Schwierigkeiten gelang es, diese Blockkurse auch in der DDR unter dem Dach der Kirche durchzuführen (1980/81).

Alle Mitarbeiter des „Bremer Projekts" empfanden diese Kurse als besonders fruchtbar und besonders erfolgreich!

In der Folge bildeten sich auch in der DDR „Zentren" der Autismus-Therapie, die unter dem „Schutz" des Diakonischen Werkes und der Caritas die verhaltenstherapeutischen Erfahrungen an Lehrer/Therapeuten/Eltern autistischer Kinder in der DDR (besonders in Dresden) weitergaben. Der vorliegende „Kurs" stellt ein gelungenes Ergebnis der wissenschaftlichen und therapeutischen Kooperation beider Teile – lange *vor* der Wiedervereinigung! – dar.

In der aktuellen Diskussion um die „Qualitätssicherung" therapeutischer Institutionen könnten verhaltenstherapeutische Kurse mit starkem Praxisbezug, wie der hier dargestellte, wichtige Anregungen vermitteln, wie sich die Qualität therapeutischer Arbeit „sichern" und verbessern ließe.

Hermann Cordes
(Projektleiter des „Bremer Projekts")

Inhaltsverzeichnis

1. Einleitung

Der frühkindliche Autismus und das Asperger-Syndrom zählen nach den Kriterien des ICD-10 neben anderen Syndromen zu jenen tiefgreifenden Entwicklungsstörungen, welche nach dem derzeitigen Entwicklungsstand noch nicht heilbar sind. Beeinflussen können wir jedoch die Auswirkungen der Entwicklungsstörung, welche das *Leben* des Betroffenen und dessen Angehörige in mehr oder weniger erheblichem Maße *behindern.* Aus diesem Grund benutzen wir in diesem Text den Begriff autistische Behinderung.

Menschen mit autistischer Behinderung stellen ihre Bezugspersonen oft vor große Probleme. Häufig beklagt werden einerseits störende Verhaltensweisen wie Unruhe, aggressive und autoaggressive Verhaltensweisen. Andererseits fällt Eltern und Betreuern auf, daß Fähigkeiten insbesondere im Sozial- und Selbständigkeitsbereich, die sich anders behinderte Kinder durch Beobachtung und Nachahmung aneignen, von autistischen Menschen auf diese Art und Weise nicht gelernt werden.

Neben vielen anderen therapeutischen Maßnahmen haben sich verhaltenstherapeutische Methoden und Techniken – zum Erlernen sozial angemessener Verhaltensweisen und zur Unterstützung vorhandener Fähigkeiten – als sehr effektiv erwiesen.

In der seit etwa 1980 bestehenden Ambulanz für Menschen mit autistischer Behinderung in Dresden wird neben vielen anderen therapeutischen Maßnahmen auch verhaltenstherapeutisch gearbeitet, u.a. zur Förderung der Wahrnehmungs- und Kommunikationsfähigkeit, der Grob- und Feinmotorik etc.. Von Anfang an wurde viel Wert darauf gelegt, Eltern und andere Bezugspersonen einzubeziehen. Das wurde und wird einerseits durch die Möglichkeit regelmäßiger Hospitationen in den Therapiestunden, andererseits durch die Anleitung der Eltern und Betreuer in verschiedenen Kursen und Seminaren gewährleistet.

Der hier beschriebene Kurs entstand zwischen 1980 und 1990. Er erfreut sich an immer mehr Interesse bei Mitarbeitern von Behinderteneinrichtungen und Eltern. Aus diesem Grund möchten wir Ärzten, Psychologen und Leitern von Behinderteneinrichtungen, die mit den unterschiedlichsten Bezugspersonen von Behinderten, insbesondere Menschen mit autistischer Behinderung, arbeiten, den Kurs Verhaltensmodifikation so beschreiben, wie er z.Zt. durchgeführt wird. Wir hoffen, damit Anregungen zu geben, wie Eltern und Betreuer lernen können, selbst Verhaltensmodifikationsprogramme zu erstellen und durchzuführen.

2. Entstehung des Kurses

Ende der 70er Jahre entstand in Bremen auf der Grundlage des Trainingsprogramms von Donnellan – Walsh, A.; Gossage, L.D.; La Vigna, G.W.; Schuler, A.; Traphagen, J.D.: Teaching Makes A Difference, Teachers Manual, A Guide For Developing, Successful Classes for Autistic And Other Severely Handicapped Children (Santa Barbara, 1976) der „Trainingskurs für einen Unterricht nach lerntheoretischen Prinzipien" erstellt von Mitarbeitern des Bremer Projektes (Veröffentlicht unter Hermann Cordes (Hrsg.): Curriculum des Bremer Projekts. Trainingskurs für einen Unterricht nach lerntheoretischen Prinzipien. Lernprogramme und Lernplanung für autistische und schwerbehinderte Schüler. Bremen, 1983).

1980 und 1981 fanden als Teil dieses Modellversuchs intensive Trainingskurse für Verhaltenstherapie, durchgeführt vom Bremer Projekt für Mitarbeiter aus konfessionellen Behinderteneinrichtungen der damaligen DDR, statt.

In den Einrichtungen für geistig Behinderte des Caritasverbandes Dresden/Meißen wurde in den darauffolgenden Jahren versucht, die theoretischen Erkenntnisse mit den praktischen Erfahrungen zu verbinden. Daraus entstand das Bedürfnis zur Einbeziehung der Eltern, nach Supervision und fachlicher Anleitung. Ende 1982/Anfang 1983 wurde deshalb ein mehrtägiger (4-5 Tage währender) intensiver Trainingskurs konzipiert. Mit diesem Programmablauf fanden ab 1983 regelmäßig – anfangs zweimal jährlich, später öfter – Trainingskurse für Eltern und Erzieher/Mitarbeiter auf der Grundlage des oben erwähnten „Teaching Makes A Difference" statt, seit 1984 in den Räumen der „Ambulanz für Menschen mit autistischer Behinderung" in Dresden. Derzeit bieten wir pro Jahr vier bis fünf Kurse zur Verhaltensmodifikation an.

Eine Zeit lang wurden getrennte Kurse für Eltern und Mitarbeiter durchgeführt. Die Erfahrung zeigte jedoch, daß eine Mischung sehr günstig ist (am besten natürlich Eltern und Mitarbeiter zusammen für dasselbe Kind).

3. Beschreibung des Kurses

3.1 Theoretische Grundlagen

Zur Anwendung kommen Methoden der klassischen Verhaltenstherapie. Theoretische Grundlagen sind das klassische und operante Konditionieren sowie das funktionale Modell der Verhaltensbeschreibung.

3.2 Zielgruppe

Zielgruppe dieses Kurses sind zum einen **Eltern** autistischer oder anders behinderter Kinder, Jugendlicher und Erwachsener mit Verhaltensbesonderheiten sowie zum anderen **Mitarbeiter, Lehrer, Erzieher, Psychologen, Ärzte**, die mit den Behinderten arbeiten oder an dem Kurs aus anderen Gründen interessiert sind.

3.3 Ziele und Inhalte des Kurses

Aufgrund ihrer Wahrnehmungsdefizite haben Menschen mit autistischer Behinderung große Probleme, das Lernangebot ihrer natürlichen Umgebung, im Wechselspiel von Reifung und der Auseinandersetzung mit der Umwelt, zu nutzen. Sie können sich deshalb nicht wie andere Menschen durch Beobachtung und Imitation Verhalten aneignen, das sie mit ihrer dinglichen und sozialen Umwelt in Kontakt bringt.

Menschen mit autistischer Behinderung sind jedoch lernfähig. Es ist weniger ein Lernen durch Beobachtung und Nachahmung, sondern vielmehr ein Lernen am Erfolg – zunächst allerdings nur sinnvoll innerhalb der Lerngeschichte jedes einzelnen autistischen Menschen. Auf diese Weise hat das Kind z.B. gelernt, Blicken auszuweichen oder auf Gleicherhaltung der Umwelt zu beharren. Viele solche vom Kind erlernten Verhaltensweisen stehen jedoch im Widerspruch zu unseren Normen und behindern seine Entwicklung. Damit autistisch Behinderte diese Normen lernen können, muß das Lernen auf besondere Weise strukturiert werden. Dies wird möglich durch die Methoden der Verhaltenstherapie. Sie basiert auf der systematischen Anwendung von Lernprinzipien, die experimentell nachweisbar sind. Seit ca. 30 Jahren liegen Forschungsergebnisse vor, die deutlich machen, wie durch die Anwendung dieser Grundlagen des Lernens autistisch Behinderte gefördert werden können.

Eine Reihe von Verhaltensweisen werden dadurch gelernt, daß auf das Verhalten der betreffenden Person eine **Konsequenz** durch die Umwelt, z.B. anderer Personen, folgt. Dieses Lernprinzip wird auch als **„Lernen am Erfolg"** bezeichnet. Die Grundstruktur dieses Lernvorganges ist:

Reiz → **Reaktion** → **Konsequenz**

(z.B. eine Aufforderung) (Lob/Tadel der Umwelt, z.B. der Mutter)

Ein Verhalten wird in Zukunft häufiger auftreten, wenn es eine für den Betroffenen erfreuliche **Konsequenz** zur Folge hat. Dagegen wird die Häufigkeit eines Verhaltens in Zukunft abnehmen, wenn es eine unerfreuliche Konsequenz hat bzw. ganz ohne Wirkung bleibt.

Autistisch Behinderte benötigen auf Grund ihrer Störung der Wahrnehmungsverarbeitung eine eindeutige, sich von anderen **Reizen** deutlich abhebende Aufforderung, welche bis zum Erlernen der gewünschten Verhaltensweise unverändert bleiben sollte.

Damit der Behinderte häufig in den Genuß einer angenehmen Konsequenz kommt und sich auf diese Weise am Erfolg orientieren kann, sind in der Regel **Hilfen (= Prompts)** zum Zustandekommen der gewünschten **Reaktion** nötig. Diese Hilfen werden schrittweise zurückgenommen, damit keine Abhängigkeit entsteht.

Als **angenehme Konsequenz** (= **„Verstärkung**") werden grundsätzlich **soziale Verstärker** (verbales Lob wie „Prima", „Toll" u.ä.) eingesetzt, welche mit **materiellen Verstärkern** (ein Stück Keks, kleine Schokoladenstückchen, ein Schluck Saft, aber auch je nach Vorlieben des Betreffenden ein Stück Salzstange, Gurke etc.) oder mit sogenannten **Handlungsverstärkern** (Herumschwenken des Kindes, ein gemeinsames Spiel, ein Lied u.a.) kombiniert werden können. Ähnlich wie die Hilfen werden auch die materiellen und die Handlungsverstärker im Laufe des Programms zurückgenommen, um eine Abhängigkeit zu vermeiden. Das verbale Lob sollte jedoch auch noch nach Abschluß des Lernprogramms gegeben werden, um Sicherheit zu geben, daß ein Verhalten erwünscht ist.

Unangenehme Konsequenzen (= **„Bestrafung"**) werden eingesetzt, wenn der Betreffende nicht das erwartete Verhalten zeigt. Je nachdem kann dies ein Tadel sein („Nein"; „Falsch") oder die Beendigung eines angenehmen Zustandes. Die Verstärkung für erwünschtes Verhalten sollte mindestens viermal so häufig erfolgen wie die Bestrafung für unerwünschtes Verhalten.

Allein maßgeblich ist die **Wirksamkeit** der Konsequenz, die sich an der Zunahme oder Abnahme der Häufigkeit des gewünschten Verhaltens zeigt. Nicht entscheidend bei der Auswahl sind *unsere* Vorstellungen darüber, welche Konsequenzen wir als angenehm oder unangenehm empfinden würden.

Die Verhaltenstherapie wird eingesetzt:

1. **zum Aufbau fehlender Verhaltensweisen bzw. zur Förderung von Verhaltensweisen, die nicht ständig zum Verhaltensrepertoire gehören und**
2. **zur Reduktion bzw. zum Abbau störender Verhaltensweisen.**

Zum Punkt 1 gehören folgende Fähigkeiten:

⇒ Befolgen von Aufforderungen im Arbeitsverhalten („Komm her", „Warte", „Gib", „Zeige", „Hole" u.ä.)

⇒ Förderung von Fähigkeiten im Selbständigkeitsbereich (Essen, Trinken, Toilette, An- und Ausziehen etc.)

⇒ Erweiterung der Kommunikationsmöglichkeiten (Fähigkeit zur Imitation, verbale Sprache, Wunschäußerung mit Hilfe von Bild- und Wortkarten u.a.)

Bevor in einem dieser Bereiche ein **Lernprogramm** erstellt wird, ist zunächst eine genaue **Bestandsaufnahme der Fähigkeiten** erforderlich. Danach wird für die Fülle der zu erlernenden Verhaltensweisen eine Ordnung hinsichtlich der Wichtigkeit gefunden und mit der Erstellung eines Programms für **eine** erwünschte Reaktion (z.B. „Komm her" oder „Wasch dir die Hände") begonnen.

Der zweite Bereich der Verhaltenstherapie ist die **Reduktion** bzw. der **Abbau** unerwünschter Verhaltensweisen wie häufiges Aufstehen, Herumlaufen, mit Gegenständen werfen, sich selbst verletzendes Verhalten, zwanghafte Handlungsabläufe und anderes mehr. Dabei wird zunächst einmal genau festgelegt, welches Verhalten verändert werden soll. Zum Beispiel beim Werfen mit Gegenständen beobachten wir, wie oft das Verhalten auftritt, welche Reize (z.B. eine Aufforderung oder Tätigkeiten wie Teller auf den Tisch stellen etc.) dem unerwünschten Verhalten unmittelbar vorausgehen und zu welchen Konsequenzen das Verhalten führt (z.B. das Scheppern des auf den Boden aufschlagenden Gegenstandes, Schimpfen der anwesenden Personen, Aufheben des Gegenstandes u.a.). Aus dieser sogenannten **Verhaltensanalyse** läßt sich dann ein Plan ableiten, der vorsieht, welche Änderungen der vorausgehenden bzw. nachfolgenden Bedingungen dem Behinderten die besten Lernmöglichkeiten für eine Veränderung seines Verhaltens bieten. Meist geschieht dies durch das Erlernen einer sinnvollen Tätigkeit, die mit dem Störverhalten nicht zu vereinbaren ist. Zum Beispiel wird ein Kind, wenn es gelernt hat, einen Turm zu bauen, in dieser Zeit die Bauklötze nicht durch den Raum werfen.

Menschen mit einer autistischen Behinderung gelingt es nur schwer, die in einer stark strukturierten Therapiesituation gelernten Fähigkeiten in „normale", relativ unstrukturierte und aus einer Fülle von Reizen bestehenden Alltagssituation zu übertragen. Für diese **Generalisierung** wird festgelegt, in welchen Schritten die in einem bestimmten Raum gelernte Fähigkeit, z.B. auf die Aufforderung „Komm her" zu reagieren, in anderen Situationen – anderen Räumen, Flur, Hof, Garten, Straße, mit anderen Personen – geübt wird.

3.4 Durchführung

Die Kurse werden immer von zwei Therapeuten durchgeführt. Sie bestehen mindestens aus zwei Kursteilen (Teil I = 3 Tage; Teil II = 2 Tage) mit einem Abstand von drei bis fünf Monaten. Für diese Zeit werden den Kursteilnehmern Hausaufgaben aufgegeben. Zusätzlich werden bei Bedarf Problemfallseminare mit unterschiedlicher Teilnehmerzahl angeboten.

Teil I
1. Einführung in die Verhaltensanalyse
2. Probleme der Wahrnehmungsverarbeitung bei autistischen und anders behinderten Menschen
3. Erarbeitung der Komponenten eines Einzellerndurchganges
4. Einführung in die Programmierung
5. Erstellen eines Lernprogrammes
6. Probleme der Generalisierung, insbesondere bei autistisch Behinderten
7. Methoden der Verhaltenstherapie
8. Therapeutische Interventionen bei störenden Verhaltensweisen

Hausaufgaben
1. Durchführung eines Lernprogrammes mit Datenerhebung
2. Beobachtung eines operationalisierten Störverhaltens zu verschiedenen Zeiten und in unterschiedlichen Situationen mit Datenerhebung (wenn möglich Beobachten des Verhaltens mit der Videokamera für die Supervision)

Teil II
1. Besprechen der durchgeführten Lernprogramme.
2. Erarbeitung therapeutischer Interventionen bei Störverhalten anhand von mitgebrachten Videos oder anderen Unterlagen.

4. Kursablauf

4.1 Verhaltensmodifikation Teil I

1. Vorstellungsrunde

Namen, erste Informationen zum Kind, Wünsche, Vorstellungen, Befürchtungen

2. Organisatorischer Ablauf

Pausen, Essen etc.

3. Kurze Einführung in die Thematik „Verhaltensmodifikation"

⇒ Möglichkeiten des Lernens von Verhalten

⇒ Eingrenzung auf Lernen am Erfolg (= operantes Konditionieren)

⇒ Einsatz der Verhaltensmodifikation (Arbeitsblatt 1):
1. Aufbau fehlender Verhaltensweisen
2. Abbau und Reduktion störender Verhaltensweisen

⇒ Einstieg in die Verhaltensanalyse (Arbeitsblatt 2)

4. Erster Schritt der Verhaltensanalyse: Beobachtung des Verhaltens

AUFGABEN	MATERIAL	PLENUM
Aufgabe 1: Beobachten Sie das Kind und notieren Sie Ihre Beobachtungsergebnisse.	Video: Kind bewegt sich frei im Therapieraum	Diskussion: ⇒ meist Ursachen und Interpretationen ⇒ *keine* Verhaltensbeobachtung
Aufgabe 2: Beobachten Sie noch einmal. Fragen Sie nicht nach Ursachen und interpretieren Sie nicht.	Video: wie oben	Diskussion: mehr Verhaltensweisen werden genannt ⇒ meist ohne konkrete Beschreibung ⇒ meist ohne Angabe der Häufigkeit ⇒ meist ohne Zusammenhang zu vorangehenden Reizen und nachfolgenden Konsequenzen

5. Zweiter und dritter Schritt der Verhaltensanalyse: Beobachtung des Verhaltens in verschiedenen Situationen, Registrierung der dem Verhalten vorangehenden und nachfolgenden Reize

AUFGABEN	MATERIAL	PLENUM
Bilden von Kleingruppen	variabel, z.B. Logische Blöcke	
Aufgabe 3 in Kleingruppen: Beobachten Sie das Kind: In welchen Situationen sind welche Verhaltensweisen zu beobachten?	Video: Kind in verschiedenen Situationen (zu Hause, in der Schule, in der Werkstatt, freie Spiel- und Anforderungssituationen im Therapieraum u.a.)	Feststellen, daß nicht in allen Situationen das zu beobachtende Verhalten auftritt Feststellen, daß in verschiedenen Situationen gleiche Verhaltensweisen auftreten Feststellen, daß in verschiedenen Situationen auch unterschiedliche Verhaltensweisen auftreten Fortsetzung auf der nächsten Seite

Aufgabe 4 in Kleingruppen: Beobachten Sie das Kind: Was geht dem Verhalten voraus?	Video: w.o.	Feststellen, daß dem Verhalten Ereignisse (= Reize) vorausgehen
Aufgabe 5 in Kleingruppen: Beobachten Sie das Kind: Was folgt auf das Verhalten des Kindes?	Video: w.o.	Feststellen, daß dem Verhalten Ereignisse folgen (= Konsequenzen)
	Arbeitsblatt 2: Verhaltensanalyse (Punkte 2 und 3) Arbeitsblatt 3: Beobachtungskarte	Erläuterung der Beobachtungskarte

6. Vierter und fünfter Schritt der Verhaltensanalyse: Beschreibung des Verhaltens (Operationalisierung) und Beobachtung des beschriebenen Verhaltens mit dem Ziel der Hypothesenbildung

AUFGABEN	MATERIAL	PLENUM
Anfrage: Wie häufig treten die Verhaltensweisen auf?		
Aufgabe 6: Beobachten Sie die Verhaltensweisen des Kindes: Wie häufig tritt **eine** von Ihnen ausgewählte Verhaltensweise auf?	Video: Kind bewegt sich frei im Therapieraum	Häufigkeiten sehr unterschiedlich Frage: Warum kamen unterschiedliche Häufigkeitsangaben bzgl. einer Verhaltensweise zustande? Ziel: Verhaltensweisen müssen exakt definiert werden
Bilden von Kleingruppen	variabel, z.B. akustisches Memory	
Aufgabe 7 in Kleingruppen: schreiben Sie eine Verhaltensweise so genau, daß eine Person, die das Kind nicht kennt, weiß, welche Verhaltensweise sie beobachten soll, wie die zu beobachtende Verhaltensweise aussieht und was als ein Ereignis zählt (Operationalisierung).	Video: w.o. Arbeitsblatt 2: Verhaltensanalyse (Pkt.4)	Einführung des Begriffs: ***Operationalisierung*** Diskussion der von den Teilnehmern gefundenen Verhaltensbeschreibungen Operationalisierungen aufschreiben und zwischen den Kleingruppen austauschen
Aufgabe 8 in Kleingruppen: Be- Beobachten Sie, wie oft die Verhaltensweise auftritt, deren Operationalisierung Sie bzw. Ihre Kleingruppe erhalten haben.	Video: w.o. Arbeitsblatt 2: Verhaltensanalyse (Beobachtung des beschriebenen Verhaltens) Arbeitsblatt 4: Verhaltensbeobachtung mittels Ereignisaufzeichnung	Festhalten der Ergebnisse wie sind Sie mit der Operationalisierung zurechtgekommen? Einführen der Methode: ***Ereignisaufzeichnung*** ein Ereignis hat einen Anfang und ein Ende
Gegebenenfalls: Aufgabe 9 in Kleingruppen: Verändern der Operationalisierung und erneute Verhaltensbeobachtung wie bei Aufgabe 8.	Video: w.o.	Ergebnisse festhalten Fortsetzung auf der nächsten Seite

		Diskussion: Warum Beobachtung und exakte Beschreibung? aneinander vorbeireden subjektiver Eindruck von Intensität und Häufigkeit einheitliches Erzieherverhalten √ Vergleichbarkeit von Häufigkeiten, exakte Daten für Verhaltensanalyse Einführung einer zweiten Beobachtungsmethode: ***Timesampling*** für Verhaltensweisen ohne eindeutigen Beginn bzw. Ende
Aufgabe 10 in Kleingruppen: Operationalisieren Sie das Verhalten.	Video: Problemverhalten ohne klaren Anfang und ohne klares Ende	Diskussion: Einigung auf eine Operationalisierung
Aufgabe 11: Beobachten Sie das operationalisierte Verhalten und stellen Sie relative Häufigkeiten fest. Legen Sie sinnvolle Einheiten und Intervalle fest.	Video: w.o.	Diskussion: kurze und seltene Verhaltensweisen: kurze Einheiten und lange Intervalle lang anhaltende/sehr häufige Verhaltensweisen: lange Einheiten/kurze Intervalle
Aufgabe 12 in Kleingruppen: 1. Benennen Sie ein Problemverhalten. 2. Operationalisieren Sie diese Verhaltensweise mit allen für die Datenerhebung wichtigen Aspekten. 3. Legen Sie eine sinnvolle Beobachtungsmethode fest. 4. Legen Sie gegebenenfalls angemessene Einheiten und Intervalle und die Beobachtungsdauer fest.	Video: Mehrere Problemverhaltensweisen, darunter klar abgrenzbare, diffuse, über längere Zeit anhaltende	Berichte der Kleingruppen und Rückmeldung über die Ergebnisse
		Referat: Auf Grund der Beobachtung unterschiedlicher Häufigkeiten in verschiedenen Situationen bei unterschiedlichen Reizen (vorangehende oder folgende) können ***Hypothesen*** über mögliche ursächliche Zusammenhänge gebildet werden.

7. Probleme der Wahrnehmungsverarbeitung bei autistischen und anders behinderten Menschen

Aufgaben	Material	Plenum
Bilden von Kleingruppen		
Aufgabe 13 in Kleingruppen: 1. Versuchen Sie, grundlegende Schwierigkeiten im Bereich der Wahrnehmungsverarbeitung zu formulieren, die auf Grund Ihrer Erfahrungen die Lernfähigkeit der Kinder beeinträchtigen. 2. Geben Sie dazu Beispiele an.		Feststellung: Bei autistisch und anders behinderten Kindern ist die Wahnehmungsverarbeitung gestört, hirnorganisch bedingt. Dies begrenzt die Möglichkeit des Lernens und u.U. auch die Wahrscheinlichkeit eines Therapieerfolges. Berichte aus den Kleingruppen: Schwierigkeiten, relevante Reize zu erkennen Schwierigkeiten, die Aufmerksamkeit auf relevante Reize zu lenken Schwierigkeiten, die Aufmerksamkeit auf relevanten Reizen zu halten Schwierigkeiten, relevante Reize, die über verschiedene Wahrnehmungssysteme kommen, zu koordinieren und andere Probleme der Wahrnehmungsverarbeitung
Spiele: blind tasten blind hören blind gehen	Tastmaterial, Orff-Instrumente u.a.	Austausch: Wie ging es mir in den einzelnen Situationen?

8. Die Komponenten des Einzellerndurchganges und Reize als Auslöser verschiedener Reaktionen

Aufgaben	Material	Plenum
Aufgabe 14: Notieren Sie alle Reize, die auf das Kind einwirken.	Video: Therapiesituation, unterschiedliche Reize	Diskussion: viele Reize vorhanden das Kind reagiert nicht auf alle Reize
Aufgabe 15: Notieren Sie alle Reize, auf die das Kind reagiert.	Video: w.o.	Feststellung: Das Kind reagiert in Abhängigkeit von seiner Wahrnehmungsfähigkeit und den Reizangeboten auf wenige ausgewählte Reize (Reizselektion). Für das Kind ist das gezeigte Verhalten sinnvoll. Es erfüllt eine Funktion, z.B. Schutz vor zu hohen Anforderungen, Vermeiden von Angst etc. (Bedeutung von funktionalen Reizen!). Fortsetzung auf der nächsten Seite

AUFGABEN	MATERIAL	PLENUM
		Einführung: **S = *Stimulus*** Vortrag: S = Stimulus S^{Δ} = Stimuli (Gesamtheit der Reize) S^{D} = Stimulus diskriminativus
Aufgabe 16: Notieren Sie alle Reaktionen des Kindes und ordnen Sie diese den auslösenden Reizen zu.	Video: w.o.	Diskussion: Verbindung Reiz – Reaktion mehrmalige Beobachtung nötig Einführung: ***R = Reaktion***
Aufgabe 17: Was folgt auf die Reaktion des Kindes?	Video: w.o.	Einführung: ***K = Konsequenz*** Vortrag: operante Reizverbindung **S – R – K** Beispiele: 1. Kerze – in die Flamme fassen – au! 2. Geräusche oder volle Blase – abends aus dem Bett steigen – darf Körperkontakt haben, im Wohnzimmer sitzen bleiben, eine Salzstange knabbern u.a.
Aufgabe 18: Welche Konsequenzen kennen Sie? Welche setzen Sie ein?	Arbeitsblatt 5: Konsequenzschema	Diskussion: Auflistung verschiedener Konsequenzen (positive und negative, angenehme und unangenehme) Vortrag: Es gibt verschiedene Verstärker: Primärverstärker (z.B. materielle Verstärker) und Sekundärverstärker (z.B. soziale Verstärker, Handlungsverstärker)
Aufgabe 19: Wie sollten die eingesetzten Konsequenzen in den vorgespielten Beispielen wirken? Woran erkennen Sie, welche Konsequenzen verstärken (belohnen) und welche bestrafen?	Vorspielen (Therapeut und Cotherapeut): Situation „Klaus" (als Belohnung geplante Konsequenz führt nach wenigen Einzellerndurchgängen zum selteneren Auftreten der Reaktion)	Diskussion: Häufigkeiten der Reaktionen als Maßstab für die Wirkung einer Konsequenz eine Verstärkung bewirkt das häufigere Auftreten einer Reaktion eine Bestrafung bewirkt, daß das Verhalten seltener auftritt Bedeutung der intermittierenden Verstärkung bei der Aufrechterhaltung unerwünschter Verhaltensweisen
Aufgabe 20: Ordnen Sie jede gespielte Konsequenz in das Schema „Konsequenzen" ein.	Vorspielen mehrerer Einzellerndurchgänge mit verschiedenen Konsequenzen	Diskussion und Vergleich der Ergebnisse Vortrag: Begriffe: differenzielle Verstärkung Kopplung Sättigung
	Arbeitsblatt 5: Konsequenzschema	Einführung: ***Löschen*** Fortsetzung auf der nächsten Seite

Aufgaben	Material	Plenum
	Arbeitsblatt 6: Grundformel der Verhaltensmodifikation	Vortrag: Löschen ist nur wirksam, wenn ein Verhalten durch Verstärkung erlernt und/oder aufrechterhalten wird Löschen führt kurzzeitig zur höheren Häufigkeit einer Verhaltensweise, danach tritt sie deutlich seltener auf Zusammenfassung Grundformel der Verhaltensmodifikation mit Erläuterung der angeführten Beispiele
Aufgabe 21 in Kleingruppen: Lesen Sie die 7 Beispiele und beantworten Sie für jedes Beispiel die auf dem Arbeitsblatt gestellten Fragen!	Arbeitsblatt 7: Was sind S^D, Reaktion, Konsequenz?	Diskussion der in den Kleingruppen erarbeiteten Lösungen
Aufgabe 22: Überlegen Sie, an welcher Stelle für die Bezugspersonen Möglichkeiten der Beeinflussung des kindlichen Verhaltens bestehen!	Arbeitsblatt 7: Was sind S^D, Reaktion, Konsequenz?	Diskussion: Notwendigkeit der Veränderung des Verhaltens der Bezugsperson Veränderung der Situation, d. h. der Reizbedingungen **aber:** Veränderung der Reize und/ oder der Konsequenzen ist nicht immer ausreichend!
Aufgabe 23: Beobachten Sie den Ablauf des Lernprogramms „Komm her". Warum kommt das Kind nicht?	Arbeitsblatt 1: Einsatz der Verhaltensmodifikation (Aufbau fehlender Verhaltensweisen) Vorspielen (Therapeut und Cotherapeut): Mehrere Einzellerndurchgänge „Komm her" bei großer Distanz zwischen den beiden Therapeuten: Das Kind reagiert nicht auf die Aufforderung	verschiedene Überlegungen: das Kind versteht die Aufforderung nicht das Kind kann die Aufforderung nicht hören u.a.
Aufgabe 24: Wie kann dem Kind geholfen werden?	Arbeitsblatt 8: Anwendung der Grundformel der Verhaltensmodifikation für das Erlernen erwünschter Verhaltensweisen	Diskussion und Vorschläge: Einsatz von Gesten lautes Rufen näher herangehen anfassen Einführung: ***Prompt*** = Hilfe S ——→ R ——→ K ↑ Prompt Einführung: ***Einzellerndurchgang*** ***Lerndurchgangspause***
	Arbeitsblatt 9: Anforderungen an die Komponenten des Einzellerndurchganges	Vortrag: Anforderung an die Komponenten eines Einzellerndurchganges mit Beispielen Fortsetzung auf der nächsten Seite

Aufgaben	Material	Plenum
Aufgabe 25: Benennen Sie die die einzelnen Komponenten des gezeigten Einzellerndurchganges. Welche Fehler wurden gemacht?	Video: mehrere Einzellerndurchgänge (Rollenspiel Therapeut und Cotherapeut) 1. korrekt 2. mit Fehlern Arbeitsblatt 10: Was ist S^D, P und K	Benennung der Komponenten der Einzellerndurchgänge und Diskussion
	Arbeitsblatt 11: Aufbau von basalem Arbeitsverhalten	Vortrag: mit dem Kind/Jugendlichen können ***Lernprogramme*** durchgeführt werden, um 1. nicht vorhandenes Verhalten aufzubauen 2. nicht zum ständigen Verhaltensrepertoire gehörende Verhaltensweisen zu fördern besonders: im basalen Arbeitsverhalten im Selbständigkeitsbereich in der Fähigkeit zu imitieren zum Aufbau kommunikativer Fähigkeiten
Paarbildung	variabel, z.B. Stricke	
Aufgabe 26: Üben Sie mit Ihrem Partner ein **Lernprogramm,** das Ihnen für Ihr Kind (Jugendlichen, Erwachsenen) wichtig ist. Sie sollen mehrere Einzellerndurchgänge durchführen mit **allen Komponenten.** Das Üben wird auf Video aufgenommen.	Videokamera Arbeitsblatt 12: Lernprogramm	
Aufgabe 27: Beobachten Sie die Einzellerndurchgänge und vermerken Sie eventuelle Fehler.	Videos (mit den Zweiergruppen aufgenommen) Arbeitsblatt 10: S^D, P, K, richtig / fehlerhaft	Feststellen von Fehlern und Diskussion
Aufgabe 28: Was meinen Sie zum inhaltlichen Ablauf des Lernprogrammes. Was lernt das Kind (Jugendlicher, Erwachsener)?	Video: w.o.	Diskussion: über die Gestaltung eines Lernprogrammes ist das Lernprogramm geeignet, das das gewünschte Verhaltensziel zu erreichen Über- und Unterforderung des Kindes Notwendigkeit einer Basisüberprüfung Fortsetzung auf der nächsten Seite

AUFGABEN	MATERIAL	PLENUM
	Arbeitsblatt 13: Baseline	Vortrag: Einführung: ***Baseline*** = Basisüberprüfung. wichtig ***vor*** Erarbeitung eines Lernprogrammes mehrmalige Darbietung des S^D ohne Prompt und ohne Konsequenzen
Aufgabe 29: Nochmalige Videoaufnahme eines Lernprogrammes.	Videokamera Arbeitsblatt 13: Baseline	Auswertung w.o. Einführung: ***Überprüfungen*** werden für das Lernprogramm festgelegt, um festzustellen, ob das Kind schneller als erwartet lernt sie können unter Baseline-Bedingungen, • ohne Prompt • ohne Konsequenzen (Löschen) • Reaktion am Zielverhalten orientiert oder unter Bedingungen eines später folgenden Teilschrittes, • mit (schwächerem) Prompt • aber ohne Konsequenzen (Löschen) durchgeführt werden

9. Erarbeitung eines Lernprogrammes

AUFGABEN	MATERIAL	PLENUM
	Arbeitsblatt 13: Baseline Arbeitsblatt 14: Skizze für den Ablauf der Programmplanung	Vortrag: Schrittfolge der Programmplanung 1. nicht ständig vorhandenes / fehlendes Verhalten feststellen ⋮ *siehe Skizze, Arbeitsblatt 14* 15. Aufrechterhaltung der Verhaltensweise planen und festlegen
Aufgabe 30: Erarbeiten Sie ein Lernprogramm für das von Ihnen dafür vorgesehene Kind (Jugendlicher, Erwachsener)!	Arbeitsblatt 15: Programmplanung – Beispiel	
	Arbeitsblatt 16: Generalisierung	Vortrag: Generalisierung von erlernten Verhaltensweisen Ablauf Probleme bei Menschen mit autistischer Behinderung

10. Methoden der Verhaltenstherapie zum Aufbau erwünschter Verhaltensweisen

Aufgaben	Material	Plenum
	Arbeitsblatt 17: Methoden zum Aufbau erwünschter Verhaltensweisen	Vortrag: Methoden, um ein Verhalten aufzubauen und / oder die Häufigkeit des Auftretens zu erhöhen

11. Therapeutische Interventionen bei störenden Verhaltensweisen

Aufgaben	Material	Plenum
	Arbeitsblatt 18: Anwendung der Grundformel der Verhaltensmodifikation für die Reduktion unerwünschter Verhaltensweisen und Methoden Arbeitsblatt 19: Schrittfolge, um ein nichterwünschtes Verhalten zu reduzieren Arbeitsblatt 20: Beispiel zu Arbeitsblatt 19	Vortrag: Wie kann ich die Grundformel der Verhaltensmodifikation für die Reduktion unerwünschter Verhaltensweisen anwenden. Vorgehensweise: 1. Feststellen des nichterwünschten Verhaltens : : *siehe Arbeitsblätter 19 und 20* 12. Regelmäßige Besprechung im Erzieherteam Welche Methoden der Verhaltenstherapie stehen mir dazu zur Verfügung?
	Ergänzung Arbeitsblatt 21: Besprechung im Therapeutenteam	Angebot zur Nutzung in Einrichtungen bei gut eingespielten Teams

12. Hausaufgaben (zwischen Verhaltensmodifikation Teil I und Teil II zu erledigen)

1. Erarbeitung und Durchführung eines Lernprogrammes im Prompt-Ausblendverfahren oder einer anderen im Kurs kennengelernten Methode mit Datenerhebung

   Arbeitsblätter: 12 (Lernprogramm)
   13 (Baseline)
   15 (Programmplanung)

2. Beobachtung eines störenden Verhaltens
   operationale Definition
   Verhaltensanalyse

   Arbeitsblätter: 3 (Beobachtungskarte)
   4 (Verhaltensbeobachtung mittels Ereignisaufzeichnung)

3. Aufzeichnungen, Datenerhebung, eventuell Video-Aufnahmen sind zum Teil II mitzubringen

4.2 Verhaltensmodifikation Teil II

1. Mitteilungsrunde

Wie ging es dem einzelnen Teilnehmer?

Hat sich etwas Wesentliches verändert in seinem Leben?

Konnte mit den Lernprogrammen gearbeitet werden und mit welchen Ergebnissen?

Wurde ein Störverhalten beobachtet?

Welche Materialien wurden mitgebracht?

Worüber soll in Teil II auch noch gesprochen werden?

Sammlung und Hierarchische Ordnung der Genannten Programme, Beobachtungen, Anfragen etc.

2. Erfahrungen mit Lernprogrammen

Abläufe

Erfahrungen

Erfolgs- und Mißerfolgsberichte

evtl. Erstellen von neuen Lernprogrammen mit Rollenspielen und Videoaufzeichnung

3. Erarbeitung von therapeutischen Interventionen bei Störverhalten

individuell auf die Bedürfnisse der Teilnehmer und die mitgebrachten Materialien abgestimmt

Rollenspiele mit Videoaufzeichnung und -auswertung

5. Arbeitsblätter

Arbeitsblatt 1: Einsatz der Verhaltensmodifikation

Arbeitsblatt 2: Verhaltensanalyse

Arbeitsblatt 3: Beobachtungskarte

Arbeitsblatt 4: Verhaltensbeobachtung mittels Ereignisaufzeichnung

Arbeitsblatt 5: Konsequenzschema

Arbeitsblatt 6: Grundformel der Verhaltensmodifikation

Arbeitsblatt 7: Was sind S^D, Reaktion, Konsequenz?

Arbeitsblatt 8: Anwendung der Grundformel der Verhaltensmodifikation für das Erlernen erwünschter Verhaltensweisen

Arbeitsblatt 9: Anforderungen an die Komponenten eines Einzellerndurchganges

Arbeitsblatt 10: S^D, P, K richtig/fehlerhaft

Arbeitsblatt 11: Aufbau von basalem Arbeitsverhalten

Arbeitsblatt 12: Lernprogramm

Arbeitsblatt 13: Baseline

Arbeitsblatt 14: Skizze für den Ablauf der Programmplanung

Arbeitsblatt 15: Programmplanung – Beispiel

Arbeitsblatt 16: Planung von Generalisierungsprogrammen

Arbeitsblatt 17: Methoden zum Aufbau erwünschter Verhaltensweisen

Arbeitsblatt 18: Anwendung der Grundformel der Verhaltensmodifikation für die Reduktion unerwünschter Verhaltensweisen und Methoden

Arbeitsblatt 19: Schrittfolge, um ein nichterwünschtes Verhalten zu reduzieren

Arbeitsblatt 20: Beispiel: Schrittfolge, um ein nichterwünschtes Verhalten zu reduzieren

Arbeitsblatt 21: Besprechung im Therapeutenteam, Teil 1 bis 3

Verhaltensmodifikation

Aufbau fehlender Verhaltensweisen bzw. Förderung von Verhaltensweisen, die nicht ständig zum Verhaltensrepertoire gehören	**Reduktion bzw. Abbau störender Verhaltensweisen**
besonders: ➢ im basalen Arbeitsverhalten ➢ im Selbständigkeitsbereich ➢ in der Fähigkeit zur Kommunikation ➢ in der Fähigkeit zu imitieren	**zum Beispiel:** ➢ häufiges Aufstehen ➢ Herumlaufen ➢ sich selbst verletzendes Verhalten ➢ mit Gegenständen werfen

Verhaltensanalyse

1. **Beobachtung des Verhaltens**

2. **Welche Reize gehen dem Verhalten voraus?**

3. **Was folgt auf das Verhalten?**

4. **Beschreibung des Verhaltens (Operationalisierung)**

5. **Beobachtung des beschriebenen Verhaltens zur Feststellung von Häufigkeiten**

Beobachtungskarte

Kind: ....

Verhalten:..

Datum/ Uhrzeit	Situation Was geht voraus?	Kind Reaktion/Verhalten	Konsequenzen Was folgt danach?	Beobachter
1	2	3	4	5

Beobachtungskarte (Beispiel)

Kind: Bernd Großer

Verhalten: Erregungszustände mit Schrei-Ausbrüchen, teilweise mit Autoaggressionen oder Aggressionen

Datum/ Uhrzeit	**Situation Was geht voraus?**	**Kind Reaktion/Verhalten**	**Konsequenzen Was folgt danach?**	**Beobachter**
1	2	3	4	5
27.10.93 17.30 Uhr	B. trocknet in der Küche Besteck ab (allein)	rennt plötzlich in sein Zimmer, wirft sich auf das Bett und schreit, beißt sich in den Handrücken	die Mutter kommt in sein Zimmer, um B. zu beruhigen ↙	
		B. schreit weiter und versucht, die Mutter zu beißen →	die Mutter hält B die Hände fest, sagt „Nein"! und fordert ihn auf, ruhig zu atmen ↙	Vater
		B. läßt sich zuerst nicht beruhigen, bleibt dann aber auf dem Bett liegen und atmet allmählich im Rhythmus der Mutter mit; die Erregung klingt ab		
28.10.93 10.30 Uhr	Erzieherin stellt die Aufforderung „Räum auf!" B. spielt gerade	B. schreit laut	Erzieherin geht auf ihn zu, faßt ihn an den Schultern und schüttelt ihn	zweite Erzieherin

Fortsetzung auf der nächsten Seite

Datum/ Uhrzeit	**Situation Was geht voraus?**	**Kind Reaktion/Verhalten**	**Konsequenzen Was folgt danach?**	**Beobachter**
1	**2**	**3**	**4**	**5**
29.10.93 15.00 Uhr	viele Kinder im Gruppenraum; die die Kinder spielen, reden, rennen herum; eine Erzieherin befindet sich im Raum	B. schreit laut	mehrere Kinder schauen zu B.; die Erzieherin sagt „Hör auf, du gehst sonst raus!"	Erzieherin schreibt hinterher auf
30.10.93 12.00 Uhr	das Mittagessen steht auf dem Tisch; die Kinder sitzen schon am Tisch und warten auf den gemeinsamen Beginn	B. schreit laut	die Erzieherin schickt ihn in eine Ecke des Zimmers und droht, daß er kein Essen bekommt	Erzieherin schreibt hinterher auf

Erläuterungen zum Ausfüllen der Beobachtungskarte

Allgemeines:

Beobachtet werden soll **eine** störende Verhaltensauffälligkeit, die das Zusammenleben der Familie beeinträchtigt, das therapeutische Arbeiten mit dem Kind unmöglich macht oder in anderer Weise für die Umwelt und das Vorwärtskommen des Kindes störend oder hinderlich ist.

Spalte 1:

Die Häufigkeit der Eintragung sollte sich nach der Schwere des störenden Verhaltens richten. Bei schwerem Störverhalten empfiehlt sich eine häufigere Eintragung. Dies ist zwar eine hohe Anforderung, erleichtert es aber, die richtigen Schlußfolgerungen zu ziehen. Man sollte mindestens 2-3 Tage pro Woche und insgesamt 4-8 Wochen lang Eintragungen machen. Besser sind tägliche Aufzeichnungen.

Spalte 2:

Ort, beteiligte Personen, Handlungen, Gewohnheiten, stereotype Fragen des Kindes u.ä., Aufforderungen an das Kind, äußere Reize (Lärm, Licht, Hitze etc.)

Spalte 3:

Störverhalten des Kindes möglichst genau beschreiben. Festzuhalten ist zunächst das Verhalten, **bevor** ein Erwachsener einschreiten konnte. Das Verhalten **nach** dem Eingreifen wird durch einen Pfeil aus Spalte 4 gekennzeichnet. Folgt daraus eine zweite Konsequenz (Gegenreaktion) des Erwachsenen (in Spalte 4 eintragen), muß ein Pfeil von Spalte 3 nach Spalte 4 zeigen (siehe Beispielblatt).

Spalte 4:

Wie reagieren Sie? Genau beobachten!
Was sagt die Mutter/der Vater zum Kind? Was tut er/sie?
Wie reagiert das Kind? (Pfeil von Spalte 4 nach Spalte 3)

Spalte 5:

Günstig ist, daß jeweils der andere beobachtet, also:
wenn die Mutter auf das Störverhalten des Kindes reagiert, beobachtet der Vater und schreibt auf bzw. umgekehrt.

Verhaltensbeobachtung mittels Ereignisaufzeichnung

Das zu beobachtende Verhalten:

DATUM	UHRZEIT/ DAUER DER BEOBACHTUNG	SITUATION	ANZAHL	SUMME	BEMERKUNGEN

Konsequenzschema

	das Verhalten wird gefördert	das Verhalten wird unterdrückt
ein für das Kind angenehmer Reiz wird hinzugefügt	positive Verstärkung	
ein für das Kind angenehmer Reiz wird entfernt		Bestrafung Typ II
ein für das Kind unangenehmer Reiz wird hinzugefügt		Bestrafung Typ I
ein für das Kind unangenehmer Reiz wird entfernt	negative Verstärkung	

Löschen: Ignorieren von Reaktionen

Merke:

- Verstärkung führt immer zum häufigeren Auftreten der Verhaltensweise (Belohnung).
- Bestrafung macht immer die jeweilige Verhaltensweise in ihrem Auftreten seltener.
- Löschen führt zur kurzzeitigen Häufung einer Verhaltensweise und macht sie dann in ihrem Auftreten deutlich seltener.

Man unterscheidet **zwei Arten von Verstärkern**:

1. Primärverstärker

Sie wirken unmittelbar auf organische angeborene Bedürfnisse.

Beispiele:
materielle Verstärker (Essen, Trinken)
Handlungsverstärker (durch die Luft schwenken, Körperkontakt wie Streicheln, Krabbeln u.ä., aber auch Musik hören, Buch anschauen etc.)

2. Sekundärverstärker

Sie wirken als Verstärkung erst im Laufe eines Lernprozesses.

Beispiele:
soziale Verstärker wie ein verbales Lob „Fein", „Prima"

Merke:

Primär- und Sekundärverstärker werden in einem Lernprogramm meist gekoppelt.

Bei einer Kopplung muß der Sekundärverstärker immer zuerst gegeben werden, danach der Primärverstärker.

Ziel ist das langsame Ausblenden des Primärverstärkers im zweiten Schritt des Lernprogrammes (Generalisierung), so daß sich das Kind nur noch an der sozialen Rückmeldung orientiert.

Grundformel der Verhaltensmodifikation:

Aus einer Gesamtheit von Reizen S^{Δ} reagiert das Kind auf einen von ihm ausgewählten Reiz bzw. auf einen Komplex von **Reizen S^{D}**. Nach seiner **Reaktion** folgt in jedem Fall eine **Konsequenz**.

$$S^{D} \longrightarrow R \longrightarrow K$$

S = Stimulus = Reiz
S^{Δ} = Gesamtheit der Reize
S^{D} = Stimulus diskriminativus
R = Reaktion
K = Konsequenz

Auf diese Weise werden Verhaltensweisen im Alltag gelernt. Das gilt sowohl für erwünschte als auch für unerwünschte Verhaltensweisen.

Die Wiederholung der gezeigten Verhaltensweise ist dabei abhängig davon, ob die Erwartung des Kindes auf eine für ihn **angenehme Konsequenz** (= Erfolg für das Kind) erfüllt wird oder nicht.

Operantes Lernen = Lernen am Erfolg

Beispiele:

Stimulus (Reiz)	Reaktion	Konsequenz
1. Die Mutter fordert ihr Kind auf, sich für das Zubettgehen fertig zu machen.	Das Kind zieht sich aus, geht ins Bad,wäscht sich und putzt sich die Zähne.	Das Kind darf Sandmann anschauen.
Das Kind lernt und erwartet beim nächsten Mal, wenn es sich wäscht, daß es dann fernsehen darf.		
2. Viele Kinder befinden sich im Raum. Es ist laut, manche Kinder rennen umher.	Das Kind beginnt plötzlich, Bausteine, mit denen es gerade spielt, durch den Raum zu werfen.	Eine Erzieherin geht zu dem Kind hin, erklärt, daß es so nicht geht. Dabei streicht sie über seinen Kopf.
Das Kind lernt und erwartet beim nächsten Mal, wenn es mit Bausteinen wirft, daß sich ihm jemand intensiv zuwendet und Körperkontakt aufnimmt.		

Beide Verhaltensweisen treten in Zukunft häufiger auf, d.h. beide Konsequenzen wirken als Verstärker.

Ist die **Konsequenz** für das Kind **unangenehm**, wird das Verhalten in Zukunft weniger häufig auftreten.

Beispiele:

Stimulus (Reiz)	**Reaktion**	**Konsequenz**
1. Die Mutter fordert ihr Kind auf, sich für das Zubettgehen fertig zu machen.	Das Kind zieht sich aus, geht ins Bad, wäscht sich und putzt sich die Zähne.	Das Kind muß danach sofort ins Bett gehen.
Das Kind lernt, wenn es sich wäscht, daß es dann sofort ins Bett gehen muß. Da dies vom Kind nicht erwünscht ist, wird es sich in Zukunft Zeit lassen bei der Aufforderung der Mutter, sich für das Zubettgehen fertig zu machen.		
2. Viele Kinder befinden sich im Raum. Es ist laut, manche Kinder rennen umher.	Das Kind beginnt plötzlich, Bausteine, mit denen es gerade spielt, durch den Raum zu werfen.	Eine Erzieherin räumt wortlos und ohne das Kind anzusehen die Bausteine weg und schließt sie in den Schrank ein.
Da das Kind gern mit Bausteinen spielt, ist ihm das Entfernen der Bausteine unangenehm.		

Beide Verhaltensweisen treten in Zukunft seltener auf, d.h. die Konsequenzen wirken als Strafe. Vom Kind wird erwartet, daß etwas Angenehmes auf sein Verhalten folgt. In diesen beiden Beispielen wird die Erwartung des Kindes nicht erfüllt. Unter Umständen werden vom Kind jetzt andere Verhaltensweisen ausprobiert, um in den Genuß einer angenehmen Konsequenz zu kommen. Das ist natürlich auch davon abhängig, ob dem Kind andere Möglichkeiten zur Verfügung stehen, z.B. um in einer relativ großen und lauten Gruppe von Kindern auf sich aufmerksam zu machen.

Aufgabe: Was sind S^D , Reaktion, Konsequenz?

Was hat das Kind auf diese Weise gelernt?

Beispiel 1:

Bernd ißt sehr gern. Er hat viel Übergewicht, und die Eltern machen sich darüber Sorgen. Sie nehmen sich vor, in Zukunft konsequent darauf zu achten, daß er nur noch zu den Mahlzeiten ißt. Bernd bettelt jedoch ausdauernd und unwiderstehlich. Er zieht die Mutter zum Kühlschrank und führt ihre Hand zum Griff. Das rührt sie so, daß sie ihm ausnahmsweise doch etwas gibt.

Beispiel 2:

Claudia schläft abends schlecht ein. Wenn Vater oder Mutter nach dem Zubettbringen aus dem Zimmer gehen wollen, hält Claudia sie fest und schaut sie flehend an. Die Eltern bleiben dann noch eine Weile an ihrem Bett sitzen. Wenn sie wieder aufstehen wollen, wiederholt sich das Ganze. Auf diese Weise vergeht viel Zeit. Wenn die Eltern dann doch gehen, fängt Claudia an zu schreien. Sie beruhigt sich erst wieder, wenn Vater oder Mutter hereinkommen und mit ihr schimpfen. Aber auch da fängt sie gleich wieder an zu schreien, wenn Vater oder Mutter aus dem Zimmer gehen. Auf diese Weise schläft Claudia erst Stunden nach dem Zubettgehen ein.

Beispiel 3:

Andreas hat es nicht gern, mit der Mutter zusammen zu üben. Wenn die Mutter sich zu diesem Zweck mit ihm an den Tisch setzt, fängt er an zu schreien, zu zappeln und sich zu schlagen. Ein gemeinsames Üben ist auf diese Weise nicht möglich. Heute hat sich die Mutter vorgenommen, konsequenter zu sein. Sie bricht nicht gleich ab, als Andreas anfängt zu schreien und zu zappeln, sondern sie hält ihm die Hände fest und redet beruhigend auf ihn ein. Daraufhin wird Andreas noch viel wilder. Er reißt sich los, wischt das Steckspiel vom Tisch und schreit so laut, daß es in der Nachbarwohnung zu hören ist. Auch diesmal muß die Mutter abbrechen, ohne daß geübt worden ist.

Beispiel 4:

Die Mutter kommt mit Beate in die Ambulanz. Beate hält dabei immer Süßigkeiten in der Hand. Noch bevor diese aufgegessen sind, rennt sie zur Handtasche der Mutter und öffnet diese. Jetzt beginnt die Mutter einzuschreiten, versucht die Handtasche zuzuhalten und erklärt Beate, daß sie genug gegessen habe. Daraufhin beginnt Beate, schrill zu schreien und zieht immer heftiger an der Handtasche. Nach ca. ein bis zwei Minuten gibt die Mutter auf und Beate nimmt sich aus der Handtasche, was sie möchte. Dieses „Spielchen" wiederholt sich solange, bis sich nichts Eßbares mehr in der Tasche der Mutter befindet.

Beispiel 5:

Die Familie sitzt gemeinsam zur Mahlzeit am Tisch in der Küche: es steht viel Geschirr auf dem Tisch. Das Radio läuft und die Familienmitglieder unterhalten sich, ohne Stefan mit einzubeziehen. Die Mutter stellt von ihr geschmierte Schnitten auf einem Teller auf den Tisch. Stefan bekommt eine halbe Schnitte auf seinen Teller gelegt. Sofort greift Stefan nach der Schnitte und beißt rasch mehrmals hintereinander ab. Dabei rutscht er unruhig auf seinem Stuhl hin und her und stopft aus dem Mund quellendes und heruntergefallenes Essen mit den Händen zurück in den Mund. Die Mutter faßt Stefan an der Hand und hindert ihn am Weiteressen. Als sie die Hand wieder losläßt, zupft er die Mutter am Ärmel, beschmiert diesen dabei, verlangt zu trinken. Die Mutter redet auf Stefan ein: „iß ordentlich" und „faß mich nicht an". Dabei gibt sie ihm zu trinken. Als Stefan seine Schnitte nicht weiteressen will, bekommt er einen von ihm gewünschten Fruchtzwerg. Stefan ist fertig mit dem Essen und darf sofort aufstehen.

Beispiel 6:

Die Mutter und Christoph steigen aus dem Auto aus. Christoph rennt in Richtung Straße und die Mutter ruft „Christoph, bleib bitte stehen". Christoph bleibt stehen und wartet. Die Mutter reagiert nicht darauf, sagt nichts und schließt das Auto ab. Christoph kommt zum Auto zurück und beide gehen in das Schulgebäude.

Beispiel 7:

Die Mutter kommt mit Juliane das erste Mal in die Ambulanz. Auf Fragen antwortet die Mutter ausführlich und lange. Juliane sitzt schweigend daneben. Als Juliane gefragt wird „Wie heißt Du" antwortet sie nicht, sieht schweigend abwechselnd die anwesenden Personen an. Die Mutter beginnt, auf Juliane einzureden „Nun sag` doch mal was, Du bist etwas gefragt worden". Dabei beugt sie sich zu ihrer Tochter und streichelt ihre Hand. Juliane flüstert die Antwort so leise in das Ohr der Mutter, daß nur sie es verstehen kann. Die Mutter zieht entschuldigend die Schultern nach oben und wiederholt laut, was ihre Tochter gesagt hat.

Anwendung der Grundformel der Verhaltensmodifikation für das Erlernen erwünschter Verhaltensweisen

Durch das **Lernen am Erfolg** werden im Alltag viele Verhaltensweisen gelernt.

Für den **Aufbau erwünschter Verhaltensweisen** kann es geplant werden.

Bei behinderten Kindern reicht jedoch oft ein Reiz nicht aus, um dem Kind zu einer erwünschten Reaktion zu verhelfen. Eine Möglichkeit besteht darin, eine **Hilfe** einzuführen, damit das Kind schnell in den Genuß der geplanten angenehmen Konsequenz kommt.

$$\mathbf{S^D \underset{\substack{\uparrow \\ \textbf{Prompt}}}{\longrightarrow} R \longrightarrow K}$$

Einzellerndurchgang

S = Stimulus = Reiz

S^D = Stimulus diskriminativus

R = Reaktion

K = Konsequenz

Prompt = Hilfe

Anforderungen an die Komponenten eines Einzellerndurchganges

S^D

1. Der S^D ist Ihre Instruktion für das Kind.
   Er besteht in der Regel aus einer bestimmten Anordnung von Wörtern und/oder Dingen.

2. Ein S^D wird so genannt, weil in seiner Anwesenheit eine richtige Reaktion verstärkt wird, in seiner Abwesenheit würde das nicht geschehen.
   Der S^D zeigt dem Kind an, daß es für sein richtiges Verhalten verstärkt werden wird.

3. Der S^D muß der Aufgabe angemessen, **direkt und eindeutig auf die Aufgabe** bezogen sein, d.h. die Aufforderung muß das vom Kind erwartete Verhalten eindeutig benennen.

4. Der S^D soll immer im **selben Wortlaut** und **vollständig** beibehalten werden (**im Schritt 1 des Prompt-Ausblendverfahrens).**

5. Der S^D sollte **deutlich von anderen Stimuli abgehoben** werden, einen deutlichen Anfang und ein deutliches Ende haben (er darf z.B. nicht in einem Wortschwall enthalten sein oder gar darin untergehen).

6. Während der Darbietung des S^D sollte das Kind **aufmerksam** sein und kein inadäquates Verhalten zeigen.
   Die Aufmerksamkeit kann durch das Rufen des Namens, Geräusche oder auch durch Aufforderungen wie „bleib stehen", „schau her" u.ä. erreicht werden.

7. Wird ein vorausgehender Stimulus wie „bleib stehen" o.ä. gegeben, sollte man etwa zwei Sekunden warten, bevor man den eigentlichen S^D darbietet.

8. Wird die Darbietung des S^D durch **unerwünschtes Verhalten** des Kindes unterbrochen, wird der unvollständige S^D abgebrochen und die Reaktion als „nicht korrekt" notiert.
   Stellen Sie dann das Arbeitsverhalten des Kindes wieder her und bieten Sie nach ca. zwei Sekunden Pause erneut einen S^D.

Prompts

1. Ein Prompt ist ein Stimulus, der dem S^D hinzugefügt wird, um die richtige Reaktion zu erleichtern und somit häufige Verstärkungsmöglichkeiten zu schaffen.

2. Prompts werden immer **nach der Aufgabenstellung und vor der Reaktion des Kindes** (dem Erfüllen der Aufgabe) gegeben.
   Sie dürfen nicht zum Korrigieren falscher Reaktionen benutzt werden.

3. Prompts können gegeben werden:

   verbal
   nonverbal
   verbal und nonverbal

4. Ein Prompt muß effektiv sein, d.h. er muß die Häufigkeit von richtigen Reaktionen erhöhen.

5. Prompts müssen **ausgeblendet** werden können, sobald das Kind die Aufgabe ohne diese Hilfe bewältigen kann.
   Das Ausblenden eines Prompts muß systematisch erfolgen, in kleinen Schritten, aber so schnell wie möglich, so daß Abhängigkeit von ihm vermieden werden kann.

6. Wo immer möglich, sollten **stimulusinhärente Prompts** anderen vorgezogen werden.

Konsequenz

1. Die Konsequenz ist ein Stimulus, der nach der Reaktion dargeboten wird und der das Ziel hat, die Auftretenswahrscheinlichkeit einer Reaktion zu verändern. Sie ist das Verhalten der mit dem Kind übenden Person, das sofort nach der Reaktion des Kindes erfolgt.

2. Die Konsequenzen müssen **einfach zu erkennen** sein.
   Zu Beginn eines Lernprozesses sollten die Konsequenzen gut betont werden. Das Kind muß wissen, für welches Verhalten es wie verstärkt wird. Die Konsequenzen müssen klar und deutlich vom S^D und von der Reaktion zu unterscheiden sein.

3. Die Konsequenz muß **sofort auf die Reaktion folgen**, innerhalb von 1 bis 2 Sekunden.

4. Die Konsequenz muß **ohne Zögern** kommen. Es ist verwirrend für das Kind, wenn die mit dem Kind übende Person erst überlegen muß, ob sie nun verstärken soll oder nicht.

5. Die Konsequenz muß **kontingent** sein, inhaltlich gleichbleibend, d.h. auf dieselbe Reaktion muß dieselbe Konsequenz folgen.

6. Die Konsequenz muß **eindeutig** sein, d.h. es dürfen keine Widersprüche zwischen z.B. verbalem und nonverbalem Ausdruck bestehen. Lob muß verbal und im Gesichtsausdruck deutlich werden. Ein Tadel oder die Rückmeldung „falsch" darf nicht freundlich lächelnd gegeben werden.

7. Konsequenzen müssen effektiv sein. Eine Konsequenz ist effektiv, wenn sich das Verhalten des Kindes in die gewünschte Richtung verändert.

8. Ein Weg, die Wirksamkeit von Verstärkern herauszufinden: dem Kind verschiedene Verstärker anbieten und wählen lassen.

9. Die Wirksamkeit einer Konsequenz ist von Kind zu Kind verschieden und kann sich bei einem Kind im Laufe der Zeit verändern.

10. Wenn materielle Verstärker eingesetzt werden, dann muß zuerst der soziale Verstärker, dann der materielle gegeben werden (Kopplung).

11. Negative Konsequenzen sollten nicht zu häufig eingesetzt werden. Die Verstärkung für erwünschtes Verhalten sollte mindestens viermal so häufig erfolgen wie die Bestrafung von unerwünschtem Verhalten.

12. Der ausgewählt materielle bzw. Handlungsverstärker darf nur während des Übungsprogrammes gegeben werden.

13. Verschiedene Programme benötigen verschiedene Verstärker.

Lerndurchgangspausen

1. Die Lerndurchgangspause ist die Zeit zwischen zwei Lerndurchgängen, wenn mehrere Einzellerndurchgänge hintereinander folgen.
   Die Pause beginnt, wenn eine Aufgabe beendet und die Konsequenz gegeben ist. In dieser Zeit werden keine neuen Instruktionen gegeben.

2. Die Lerndurchgangspause dient dazu,

   Anfang und Ende einer Aufgabe dem Kind deutlich werden zu lassen,
   Ergebnisse zu notieren, d.h. die Reaktionen des Kindes als richtig/falsch festzuhalten,
   gutes Arbeitsverhalten (ruhiges Sitzen, Blickkontakt etc.) verbal zu verstärken.

Reaktion

1. Die Reaktion ist das Verhalten des Kindes nach der Instruktion, nach dem S^D.

2. Die vom Kind erwartete Reaktion muß genau operationalisiert (beschrieben) werden. D.h. die geforderten Verhaltensweisen müssen in einzelne beobachtbare und/oder meßbare Komponenten zerlegt und schriftlich festgehalten werden.
   Das ist wichtig, um schnell zu entscheiden, ob die Reaktion „richtig" oder „nicht richtig" ist (siehe Konsequenzen).

ARBEITSBLATT 10: *S^D, P, K RICHTIG/FEHLERHAFT*

S^D	P	K	Bemerkungen	S^D	P	K	Bemerkungen

A: Aufbau von basalem Arbeitsverhalten

1. Befolgen einfacher Aufforderungen

    komm her
    setz dich hin
    leg die Hände auf den Tisch
    bleib sitzen (für eine festgelegte Zeit)
    warte

2. Aufforderungen für einfache Handlungen befolgen

    gib
    zeige
    hole
    was ist das?
    steck rein
    mach auf
    räum auf
    selbständige Beschäftigungen mit Variation von Zeit, Material und Situation

B: Selbständigkeitsbereich

Essen / Trinken / Tischmanieren
Toilette / Waschen
An- und Ausziehen
Häusliche Tätigkeiten
Aufräumen

Überprüfung mit Hilfe entsprechender Entwicklungstests, z.B.

- Günzburg
- Straßmeier
- Schwerstbehindertenbogen von Fröhlich u.a.

C: Förderung der Kommunikation

Imitation
Sprachförderung
Wunschäußerung mit Bild- und Wortkarten
Gebärden

Erste Verhaltensbeobachtungen zu wichtigen Lernbereichen

x = richtig o = falsch

Aufforderungen	Datum	1.	2.	3.	4.	Anzahl richtiger Reakt.	Datum	1.	2.	3.	4.	Anzahl richtiger Reakt.
1. komm her												
2. setz dich hin												
3. leg die Hände auf den Tisch												
4. bleib sitzen												
5. laß die Hände liegen												
6. laß das Material liegen												
7. schau auf												
8. gib												
9. zeige												
10. warte												
11. hole												
12. hol raus												
13. was ist das												
14. steck rein												
15. mach auf												
16. iß												
17. trink												
18. wasch die Hände												
19. zieh dich an												
20. zieh dich aus												
21. räum auf												
22. sprich mit												
23. sprich nach												
24. mach nach												
25. was möchtest du												

1. - 15.: Basales Arbeitsverhalten
16. - 21.: Selbständigkeit
22. - 25.: Kommunikation / Imitation

LERNPROGRAMM:

x = richtig
o = falsch

		DURCHGÄNGE											
DATUM	SCHRITT	1	2	3	4	5	6	7	8	9	10	%	BEMERKUNGEN

Baseline:

= Grundüberprüfungen zur Erstellung eines Lernprogrammes, um festzustellen, ob und wie häufig Aufforderungen insbesondere des basalen Arbeitsverhaltens und im Selbständigkeitsbereich befolgt werden.

Bedingungen:

mehrmals S^D darbieten
Reaktion am Zielverhalten orientiert
keine Prompts
keine Konsequenzen

Überprüfungen:

finden im Ablauf des Lernprogrammes statt

1. geplant (z. B. nach dem 3. oder 4. Teilschritt)
2. spontan, wenn der Eindruck besteht, daß das Kind schneller als erwartet lernt

Bedingungen:

unter den Bedingungen eines späteren Teilschrittes, d.h. Prompt ist geringer
aber: ohne materiellen Verstärker
unter Baseline-Bedingungen
ohne Prompt, ohne Konsequenz

Nachuntersuchung:

nach Abschluß des Lernprogrammes (Schritt 1 Prompt-Ausblendung
Schritt 2 Generalisierung)

werden Nachuntersuchungen nach x Wochen geplant

Bedingungen:

S^D darbieten
keinen Prompt
Konsequenz geben

Nachfolgeprogramm:

Ein Lernprogramm sollte immer im Zusammenhang mit einer Abfolge von Verhaltensweisen durchgeführt werden, deshalb das Nachfolgeprogramm mitplanen!

z.B. „Komm her" mit dem Nachfolgeprogramm „Warte" oder „Setz dich hin" u.a.

Name des Kindes:

Zielverhalten:

Baseline:

S^D:

Datum/ Uhrzeit	1	2	3	4	5	Anzahl richtiger Reaktionen	Bemerkungen

x = richtig
o = falsch

Überprüfungen:

Nachuntersuchungen:

Geplantes Nachfolgeprogramm:

Skizze für den Ablauf der Programmplanung

SCHRITTE	BEISPIEL	ANFORDERUNGEN
1. nicht ständig vorhandenes/ fehlendes Verhalten feststellen, insbesondere Arbeitsverhalten Selbständigkeit Kommunikation/Imitation.	M. kommt nicht, wenn er gerufen wird.	
2. Zielverhalten wird festgelegt und operationalisiert.	M. kommt auf direktem Weg, ohne stehenzubleiben, frontal auf mich zu.	Bei der Lernzielfestlegung sollte möglichst an zusammenhängende Verhaltensweisen gedacht werden, z.B. im Selbständigkeitsbereich nicht nur das Waschen der Hände, sondern auch Wasserhahn auf- und zudrehen, Abtrocknen, Handtuch weghängen etc. oder im Arbeitsverhalten nicht nur „Setz dich hin", wenn am Tisch gearbeitet werden soll.
3. Der S^D für das Zielverhalten wird genau festgelegt und im Wortlaut notiert (vorläufig).	„Komm her"	
4. Die gewünschte/erwartete Reaktion des Kindes auf den S^D wird genau definiert (vorläufig).	M. kommt auf direktem Weg, ohne stehenzubleiben, frontal auf mich zu.	
5. Die Baseline wird erhoben.	M. und Therapeut in einem Raum	
Von den Ergebnissen der Baseline ausgehend kann jetzt der Programmentwurf fertiggestellt werden.		

Fortsetzung auf der nächsten Seite

SCHRITTE	BEISPIEL	ANFORDERUNGEN
6. Operationalisierung des Zielverhaltens überprüfen und gegebenenfalls Änderungen vornehmen.	M. kommt auf direktem Weg, ohne stehenzubleiben, frontal auf mich zu und bleibt einen Augenblick vor mir stehen. Das Kind geht spätestens fünf Sekunden nach dem S^D los.	Das Zielverhalten muß so beschrieben sein, daß es beobachtbar oder meßbar ist. Folgende Dimensionen des Zielverhaltens müssen spezifiziert werden: genaue Beschreibung des motorischen Ablaufs des gewünschten Verhaltens Zeitdauer zwischen S^D und Reaktion Dauer der gesamten Reaktion
7. Entscheidung für eine bzw. mehrere Methoden, z. B. Prompten Shaping Chaining etc.	Prompt-Verfahren	
8. Der S^D für das Zielverhalten wird überprüft.		siehe Arbeitsblatt: Anforderungen an die Komponenten eines Einzellerndurchganges
9. Bei Prompt-Verfahren müssen Art der Prompts und der Vorgang des Ausblendens genau festgehalten, außerdem die Reaktion für die einzelnen Teilschritte operationalisiert werden.	*Schritt 1a*: Therapeut geht zu M., faßt mit festem Griff beide Schultern und führt M. bis zur Ausgangsstellung *Schritt 1b*: Therapeut geht zu M., faßt mit lockerem Griff beide Schultern und führt M. bis zur Ausgangsstellung *Schritt 1c*: Therapeut geht zu M., berührt mit einer Hand die Schulter und führt M. bis zur Ausgangsstellung *Schritt 1d:* Therapeut geht M. zwei Meter entgegen, macht dann empfangende Gebärde und geht mit M. zurück	siehe Arbeitsblatt: Anforderungen an die Komponenten eines Einzellerndurchganges

Fortsetzung auf der nächsten Seite

SCHRITTE	BEISPIEL	ANFORDERUNGEN
	Schritt 1e: Therapeut geht M. ein Meter entgegen, macht dann empfangende Gebärde und geht mit M. zurück *Schritt 1f:* Therapeut macht empfangende Gebärde *Schritt 1g:* ohne Prompt	
10. Es wird festgelegt, welche Konsequenzen auf richtige und falsche Reaktionen nach welchem Plan folgen.	*richtig:* sozial: „prima", „gut" 100% Handlung: hochheben, herumschwenken 100% *falsch:* „falsch" 100%	siehe Arbeitsblatt: Anforderungen an die Komponenten eines Einzellerndurchganges
11. Die Methode(n) der Datenerfassung zur fortlaufenden Programmkontrolle wird (werden) festgelegt.	Ereignisaufzeichnung	
12. Leistungs-(Erfolgs-) und Abbruch-(Fehler- oder auch Mißerfolgs-)kriterien für die einzelnen Programmschritte werden festgelegt.	*Leistungskriterium:* 4 von 5 richtig *Abbruchkriterium:* dreimal hintereinander nicht mehr als 3 von 5 richtig	***Leistungs- (Erfolgs-) kriterium*** gibt an, wann ein Lernschritt als beherrscht betrachtet und zum nächsten Schritt weitergegangen werden kann ***Abbruch- (Mißerfolgs-) kriterium*** gibt an, wann eine Änderung im Programm • Veränderung des S^D • Veränderung eines Prompts • Veränderung der Verstärkung erfolgen muß gibt an, wann noch einmal zum vorhergehenden Lernschritt zurückgegangen werden muß gibt an, ob eventuell ein neues Programm erstellt werden muß

Fortsetzung auf der nächsten Seite

SCHRITTE	BEISPIEL	ANFORDERUNGEN
13. Es wird festgelegt, an welchen Stellen in der Programmdurchführung Überprüfungen (ca. 3-5 Tests unter Baseline-Bedingungen) vorgenommen werden sollen. Baseline-Bedingungen: • keine Prompts • keine Konsequenzen • Reaktion am Zielverhalten orientiert	„Komm her" überprüfen nach Erreichen des Zielkriteriums für Schritt 1b Beginn des Schrittes 1d Erreichen des Zielkriteriums für Schritt 1e	Überprüfung machen uns deutlich, ob ein Kind schneller als erwartet lernt z.B. könnte M. bereits nach Schritt 1b gelernt haben, auf die Aufforderung „Komm her" zum Therapeuten zu kommen das langsame Ausblenden des Prompts wäre dann überflüssig und könnte verkürzt werden
14. Vorgehen und Zeitpunkte für Nachprüfungen planen und festlegen.	Drei und sechs Monate nach Abschluß des Programmes Überprüfungen unter Baseline-Bedingungen	
15. Aufrechterhaltung der Verhaltensweise planen und festlegen.	wenn bei den Nachprüfungen die Verhaltensweise bei zehn Aufforderungen höchstens siebenmal gezeigt wird, kann das Lernprogramm verkürzt noch einmal durchgeführt werden (z. B. indem bei Schritt 1e oder 1f begonnen wird)	

Zielverhalten	Schritt	S^D und Prompt	Reaktion	Konsequenz	Kriterium	Datenerfassung

Zielverhalten	Schritt	S^D und Prompt	Reaktion	Konsequenz	Kriterium	Daten-erfassung
„Komm her"		S^D : „Komm her"	Kind kommt auf direktem Weg, ohne stehenzubleiben, frontal auf mich zu und bleibt einen Augenblick vor mir stehen. Es geht spätestens 5 sec. nach dem S^D los.	**richtig:** sozial: „prima" und „gut" 100% Handlung: hochheben und herumschwenken 100%	**Leistungs-kriterium:** 4 von 5 richtig	Ereignisaufzeichnung
Kind kommt auf direktem Weg, ohne stehenzubleiben, frontal auf mich zu und bleibt einen Augenblick vor mir stehen. Es geht spätestens 5 sec. nach dem S^D los.	1 a	**Prompt:** Abstand 3 m; Th. geht zum Kind, faßt mit festem Griff beide Schultern, führt Kind bis zur Ausgangsstellung				
	1 b	Th. geht zum Kind, faßt mit lockerem Griff beide Schultern, führt Kind bis zur Ausgangsstellung			**Abbruch-kriterium:** 3 x hintereinander nicht mehr als 3 von 5 richtig	
	1 c	Th. geht zum Kind, berührt mit einer Hand die Schulter, führt Kind bis zur Ausgangsstellung		**falsch:** „falsch" 100%		
	1 d	Th. geht dem Kind 2 m entgegen, macht dann empfangende Gebärde und geht mit dem Kind zurück				
	1 e	Th. geht dem Kind 1 m entgegen, macht dann empfangende Gebärde und geht mit dem Kind zurück				
	1 f	Th. macht empfangende Gebärde				
	1 g	ohne Prompt				

Planung von Generalisierungsprogrammen

Ausgangsbasis für Generalisierungsprogramme

Das Kind hat eine bestimmte Verhaltensweise gelernt, d.h. im Selbständigkeitsbereich oder im Arbeitsverhalten zeigt das Kind auf einen bestimmten S^D hin das Zielverhalten bei kontinuierlicher Verstärkung. Das Leistungskriterium ist erreicht.

Für Generalisierungsprogramme gilt grundsätzlich

Kriterien bzw. Anforderungen, die an die Komponenten eines Einzellerndurchganges und an die des Programmierungsablaufs gestellt werden, beachten
Systematisches Variieren des S^D (Instruktion, Material), der Lernbedingungen und der Verstärkung

Schritte des Generalisierungsprogramms

1. **S^D variieren:**
   a) **Instruktion** leicht abwandeln (Tonfall, Wortwahl), wesentliche Teile aber weiterhin betonen
   b) **Material** auswechseln / ändern (Form, Größe, Farbe, Art der Darstellung etc.)
   c) Verändern der vom S^D-Material zu unterscheidenden beliebigen Materialien
2. Verhaltensweise in **unterschiedlichen Umgebungen** trainieren (Therapieraum, Küche, Hof, Spielplatz, zu Hause etc.)
3. Verhaltensweise von **anderen Personen** trainieren lassen
4. **Ausschleichen der Verstärkung** innerhalb der einzelnen Schritte (von kontinuierlicher zu intermittierender Verstärkung übergehen) und so weit wie möglich Verstärker wählen, die leicht in anderen Situationen (auch im Alltag) und von anderen Personen (Großeltern, Geschwister) verwendet werden können
5. Periodische **Überprüfung** der gelernten Verhaltensweise aller x Wochen

Besonderheiten der Generalisierung bei komplexen Anforderungen im Selbständigkeitsbereich

1. Ausblenden der verbalen Instruktion, um eine **angemessene Situationskontrolle** zu erreichen
2. Training der Verhaltensweise ohne verbale Instruktion in verschiedenen Umgebungen, um eine **generalisierte angemessene Situationskontrolle** zu erreichen

Methoden zum Aufbau erwünschter Verhaltensweisen

Möglichkeiten der Beeinflussung der Auftretenswahrscheinlichkeit des Verhaltens durch:

1. Änderung der Reizbedingungen
2. Planung des Einsatzes der Konsequenzen

Meist verwendet man sich um die Kombination beider Möglichkeiten.

Methoden, um ein Verhalten aufzubauen und/oder die Häufigkeit des Auftretens zu erhöhen:

Promptausblendverfahren (z.B. Ausblenden der Handführung, des Vormachens, Zeigens etc.)

Shaping

Chaining vorwärts und rückwärts

Premack-Prinzip

Token-System

Shaping (=Verhaltensformung)

Die Methode kann eingesetzt werden, wenn keine Möglichkeit vorhanden ist, Prompts einzusetzen.

Beim Shaping wird **jede Annäherung an das Zielverhalten verstärkt**. Es handelt sich um eine sehr wirksame Methode, die aber nur dann effektiv ist, wenn sie außerordentlich gut beherrscht wird.

Wichtig ist eine peinlich genaue Operationalisierung derjenigen Verhaltensweisen, die verstärkt werden sollen. Verstärkt werden nur Reaktionen, die in Richtung Zielverhalten gehen und mindestens von gleicher Güte sind wie die vorher verstärkten Verhaltensweisen.

Verstärkt werden kann auch spontan in der Alltagssituation!

Das Verfahren ist gut geeignet zum Aufbau von Sprache.

Chaining (= Verhaltensverkettung)

Mit dieser Methode können komplexe Handlungsketten (Bett machen, Einkaufen gehen, Hände waschen, Anziehen etc.) aufgebaut werden.

Dabei wird das Gesamtverhalten, welches aufgebaut werden soll, in solche Teilreaktionen zerlegt, die das Kind entweder bereits beherrscht oder die erst gelernt werden müssen.

Bei der Verkettung wird dann nicht mehr jede einzelne Reaktion verstärkt, sondern erst, wenn die ersten zwei, dann drei, vier etc. Teilreaktionen nacheinander ausgeführt worden sind. Im letzten Schritt löst dann ein S^D die Gesamtreaktion aus, die verstärkt wird (= Vorwärts-Chaining).

Insbesondere im Selbständigkeitsbereich hat sich das Rückwärts-Chaining als effektiv erwiesen:

Im ersten Schritt führt das Kind dabei die letzte Teilreaktion aus, im zweiten Schritt die vorletzte und die letzte Teilreaktion etc. In jedem Fall wird praktisch nach der Vollendung des Handlungsablaufes verstärkt.

Premack-Prinzip

Als Verstärker werden solche Handlungen oder Tätigkeiten eingesetzt, die das Kind gern ausführt. Welche Verhaltensweisen dies sein können, finden Sie durch Verhaltensbeobachtung heraus.

Beobachten Sie das Kind für einige Tage unter dem Aspekt, mit welcher Tätigkeit oder Handlung es die meiste Zeit des Tages verbringt. Diese Verhaltensweise ist in der Regel als **positive Konsequenz** effektiv und wird als Verstärker eingesetzt, um die Auftretenswahrscheinlichkeit für ein erwünschtes Verhalten zu erhöhen.

Token-System

Token sind kleine Gegenstände, Münzen oder Spielmarken, die das Kind für richtige Reaktionen an Stelle von anderen Verstärkern bekommt. Diese werden später gegen Eintauschverstärker umgetauscht.

Aufbau eines Token-Systems:

a) Wählen Sie eine Verhaltensweise aus, die das Kind bereits gut beherrscht, aber nicht in der gewünschten Häufigkeit zeigt.

b) Verstärken Sie diese Verhaltensweise mit einem Token, den das Kind später in einen primären oder sekundären Verstärker eintauschen kann.

c) Verändern Sie schrittweise das Verhältnis Token : Verstärker von 1 : 1 auf 2 : 1, 3 : 1 etc.

Anwendung der Grundformel der Verhaltensmodifikation für die Reduktion unerwünschter Verhaltensweisen und Methoden

Durch das Lernen am Erfolg werden im Alltag auch störende und für die Bezugspersonen z.T. sehr belastende Verhaltensweisen gelernt.

S^D (auslösender Reiz)	R (= unerwünschtes Verhalten)	K (Verstärkung)

Manchmal besteht die Gefahr von gesundheitlichen Beeinträchtigungen des Behinderten selbst (selbstverletzende Verhaltensweisen) bzw. von Bezugspersonen (Aggressionen). Aus diesem Grund stehen beteiligte Personen oft unter starkem Druck und möchten so schnell wie möglich eine Reduktion dieser Verhaltensweise erreichen.

Grundsätzlich gilt dasselbe wie für den Aufbau erwünschter Verhaltensweisen:

Möglichkeiten der Beeinflussung der Auftretenswahrscheinlichkeit des Verhaltens durch:

1. Änderung der Reizbedingungen
2. Planung des Einsatzes der Konsequenzen

Es gibt jedoch eine Besonderheit bei der Reduktion unerwünschter Verhaltensweisen. Oft werden uns störende Verhaltensweisen gelernt und beibehalten, weil dem Kind keine andere Möglichkeit zur Verfügung steht, auf den Reiz S^D angemessen zu reagieren. Es besteht also ein Defizit erwünschter, sozial angemessener Verhaltensweisen, welches durch ein Lernprogramm beseitigt werden kann.

In diesem Fall handelt es sich also um folgende Kombinationen:

S^D	R (= unerwünschtes Verhalten)	K
Reduktion auslösender Reize		angenehme Konsequenzen durch unangenehme ersetzen

S^D	R (= erwünschtes Verhalten)	K
im Lernprogramm geplanter Reiz		im Lernprogramm geplante Verstärkung

Methoden, um ein Verhalten zu reduzieren oder völlig abzubauen

A) Kombination von:

Verändern der Situation, d.h. der Reizbedingungen: Vermeiden/Verhindern des unerwünschten Verhaltens

Aufbau eines inkompatiblen Verhaltens (= ein mit dem nichterwünschten Verhalten nicht zu vereinbarendes Verhalten)
siehe Methoden, um ein Verhalten aufzubauen und/oder die Häufigkeit des Auftretens zu erhöhen
Merke: Belohnung : Bestrafung = 4 : 1

B) Kombination von:

Änderung der Reizbedingungen, d.h. Verminderung der Anforderungen in den Situationen, in denen das unerwünschte Verhalten gehäuft auftritt

Konsequenzen festlegen, die auf das nichterwünschte Verhalten folgen sollen

z.B.:
- Löschen
- Bestrafung, z.B. verbal „Nein" u.ä., Verstärkerentzug, Time out, Strafhierarchie aufstellen!
- Sättigung, z.B. Abreißen von Tapete, Zerreißen von Sachen

Vorgehensweise für das Einsetzen von Verstärkern und Zuwendung, wenn das Kind das nichterwünschte Verhalten **nicht** gezeigt hat, festlegen

Aufbau eines inkompatiblen Verhaltens (= ein mit dem nichterwünschten Verhalten nicht zu vereinbarendes Verhalten)
siehe Methoden, um ein Verhalten aufzubauen und/oder die Häufigkeit des Auftretens zu erhöhen
Merke: Belohnung : Bestrafung = 4 : 1

Schrittfolge, um ein nichterwünschtes Verhalten zu reduzieren

1. Feststellen des nichterwünschten Verhaltens

   nur eine konkrete Verhaltensweise

   sinnvoll ist, das am meisten störende Verhalten auszuwählen

2. Operationalisierung, d.h. genaue Beschreibung des Verhaltens schriftlich fixieren

   wenn möglich festlegen, was als ein Ereignis zählen soll (also Anfang und Ende festlegen)

   festlegen, ob auch der Versuch als ein Ereignis zählt oder nicht

3. Beobachtungsmethode festlegen

   Ereignisaufzeichnung

   Time sampling (Zeitstichprobe) für Verhaltensweisen, die ohne klaren Anfang und Ende nicht als Ereignis zu beschreiben sind

4. Beobachtungssituationen festlegen

   unterschiedliche Situationen (z.B. Essen, Spielen, Arbeiten)

   unterschiedliche Räume

   verschiedene Personen

5. Beobachten

   Beobachtungskarte oder andere Formblätter benutzen

   notiert wird:

   - ob das beschriebene Verhalten auftritt oder nicht
   - die Situation, in der die Beobachtung stattfindet (vorangehende Reize!)
   - was auf das Verhalten folgt (Konsequenzen!)

6. Häufigkeit des Auftretens des beschriebenen Verhaltens in den registrierten Situationen feststellen

7. Auswertung der Beobachtungsergebnisse = Verhaltensanalyse

   welche Reize sind vorhanden

   welche Konsequenzen treten auf

   Vergleich der Häufigkeiten in den Situationen

8. Hypothesen bilden

    Welche Reize könnten Auslöser sein?

    Welche Konsequenzen begünstigen das Aufrechterhalten des Verhaltens?

9. Überprüfung der begründeten Hypothesen

    Beobachtung in verschiedenen Situationen

    auslösende Reize weglassen

    bestimmte Konsequenzen weglassen

    wichtig: nur einzelne Veränderungen!

10. Planung der Intervention/Therapie im Team, einheitliches Handeln wichtig!

    10.1. Änderung der Reizbedingungen

    10.2. Konsequenzen festlegen, die auf das nichterwünschte Verhalten folgen sollen
    z.B. Löschen, Bestrafen
    Erfolgskriterium festlegen
    Kriterium für den Abbruch der Intervention festlegen

    10.3. Vorgehensweise für das Einsetzen von Verstärkern und Zuwendung, wenn das Kind das nichterwünschte Verhalten **nicht** gezeigt hat, festlegen

    10.4. Aufbau eines inkompatiblen Verhaltens (= ein mit dem nichterwünschten Verhalten nicht zu vereinbarendes Verhalten), einheitliches Handeln im Team!

11. Datenerhebung und Beobachtung des Verhaltens unter den Therapiebedingungen

12. Regelmäßige Besprechung im Erzieherteam

Beispiel: Schrittfolge, um ein nichterwünschtes Verhalten zu reduzieren

1. Feststellen des nichterwünschten Verhaltens

Die Km berichtete, daß R. im Kindergarten Aggressionen in Form von Schlagen anderer Kinder zeigt. Zu Hause beobachtet sie Schreien und Schlagen mit dem Kopf auf den Fußboden und an die Wand, außerdem Werfen von Gegenständen durch den Raum, nach ihren Angaben insbesondere im Zusammenhang mit einer Wunschverweigerung.

In der Ambulanz wurde bei der Erstvorstellung Schreien und Schlagen mit dem Kopf auf den Fußboden ebenfalls in Verbindung mit einer Wunschverweigerung beobachtet.

2. Operationalisierung

R. schlägt mit dem Kopf an einen harten Gegenstand. Beendet ist das Ereignis, wenn zwischen 2x Kopfschlagen eine Pause von mindesten fünf Sekunden auftritt.

3. Beobachtungsmethode

Ereignisaufzeichnung

4. Beobachtungssituationen

zunächst beobachtet die Km acht Wochen lang zu Hause

5. Beobachten

Beobachtungskarte benutzen

6. Häufigkeit des Verhaltens in den registrierten Situationen feststellen

Arbeitsblatt Verhaltensbeobachtung mittels Ereignisaufzeichnung benutzen

7. Auswertung der Beobachtungsergebnisse

Vorangehende Reize:

- wenn Aufforderungen gestellt werden, insbesondere komplexe Anforderungen im basalen Arbeitsverhalten wie Zimmer aufräumen und im Selbständigkeitsbereich
- wenn R. einen Wunsch äußert und diesen nicht sofort erfüllt bekommt
- wenn er warten muß (beim Essen z.B.)
- wenn viele Personen im Raum sind und wenn verschiedene Personen unterschiedliche Aufforderungen an R. stellen

Konsequenzen:

es kommt die Mutter oder der Vater zu ihm, redet auf ihn ein, hält ihn vor dem Kopfschlagen zurück
die Km nimmt ihn in den Arm, tröstet und streichelt ihn
Forderungen werden nicht mehr durchgesetzt
R. bekommt seinen Wunsch erfüllt

Häufigkeit der unerwünschten Verhaltensweise:

Bei jeweils zehn Aufforderungen, die auch durchgesetzt werden sollten, trat die unerwünschte Verhaltensweise wie folgt auf:

„Komm her"	1x	„Zieh dich an"	6x
„Setz dich hin"	2x	„Räum auf"	8x
„Warte"	5x		

Bei zehn Wunschverweigerungen trat die unerwünschte Verhaltensweise achtmal auf.

8. Hypothesen

Die unerwünschte Verhaltensweise tritt auf, wenn:

komplexe Aufforderungen gestellt werden
sich jemand um R. kümmern soll
R. etwas haben möchte und es nicht sofort bekommt
zu viele unterschiedliche Aufforderungen auf einmal gestellt werden

9. Überprüfung der begründeten Hypothesen

zu Hause: in allen in den Hypothesen formulierten Situationen tritt die unerwünschte Verhaltensweise auf; besonders häufig, wenn Aufforderungen gestellt werden

im Kindergarten: die unerwünschte Verhaltensweise tritt nur bei komplexen Anforderungen und mehreren unterschiedlichen, zur gleichen Zeit gestellten Aufforderungen auf, bei Wunschäußerung gar nicht und insgesamt seltener

im Therapieraum der Ambulanz: insgesamt nur einmal bei einer Wunschverweigerung

10. Planung der Intervention / Therapie im Team

10.1. Änderung der Reizbedingungen

Anzahl der Personen im Raum begrenzen
Vermeiden komplexer Anforderungen
Vermeiden unterschiedlicher Aufforderungen zur gleichen Zeit

10.2. Konsequenzen, die auf das nichterwünschte Verhalten folgen sollen

R. schweigend von hinten festhalten und wieder loslassen, sobald er ruhig geworden ist

10.3. Verstärker und Zuwendung, wenn das Kind das nichterwünschte Verhalten ***nicht*** *gezeigt hat*

Verbales Lob und Handlungsverstärker (durch die Luft schwenken)

10.4. Aufbau eines inkompatiblen Verhaltens (= ein mit dem nichterwünschten Verhalten nicht zu vereinbarendes Verhalten)

Es wären mehrere Lernprogramme möglich: Aufräumen üben; Anziehen üben; Warten lernen; Wunschäußerung und negative Gefühle äußern lernen.

Für die Mutter war das Aufräumen das zunächst wichtigste Verhalten und so wurde mit folgendem Programm begonnen:

Zielverhalten:

Auf die Aufforderung „Räum auf" beginnt R. innerhalb von einer Minute nach dem S^D, das im Zimmer herumliegende Spielzeug in die dafür vorgesehenen Behälter, Regale oder Schränke zu räumen. Nach einer halben Stunde soll auf dem Fußboden kein Spielzeug mehr liegen mit Ausnahme von Bauwerken.

Methoden:

Chaining, Verstärkung, Löschen, Generalisierung

S^D:

„Räum auf"

Vorgehen in folgenden Teilschritten:

1. *Die Mutter räumt im Beisein des Kindes das gesamte Spielzeug bis auf drei Bausteine in die dafür vorgesehenen Behälter, Regale und Schränke.*
   Es liegen noch drei Bausteine auf dem Fußboden. Daneben steht der Behälter, in den die Bausteine hineingehören.
   Die Mutter gibt den S^D „Räum auf".
2. *Die Mutter räumt im Beisein des Kindes das gesamte Spielzeug bis auf fünf Bausteine in die dafür vorgesehenen Behälter, Regale und Schränke.*
   Es liegen noch fünf Bausteine auf dem Fußboden. Daneben steht der Behälter, in den die Bausteine hineingehören.
   Die Mutter gibt den S^D „Räum auf".
3. *Die Mutter räumt im Beisein des Kindes das gesamte Spielzeug bis auf zehn Bausteine in die dafür vorgesehenen Behälter, Regale und Schränke.*
   Es liegen noch zehn Bausteine auf dem Fußboden. Daneben steht der Behälter, in den die Bausteine hineingehören.
   Die Mutter gibt den S^D „Räum auf".
4. *Die Mutter räumt im Beisein des Kindes das gesamte Spielzeug bis auf die Bausteine in die dafür vorgesehenen Behälter, Regale und Schränke.*
   Es liegen noch alle Bausteine auf dem Fußboden. Daneben steht der Behälter, in den die Bausteine hineingehören.
   Die Mutter gibt den S^D „Räum auf".

5. Die Mutter räumt im Beisein des Kindes das gesamte Spielzeug bis auf die Bausteine in die dafür vorgesehenen Behälter, Regale und Schränke.

Es liegen noch alle Bausteine auf dem Fußboden. Der Behälter für die Bausteine muß vom Kind geholt und nach dem Einräumen wieder weggeschafft werden.

Die Mutter gibt den S^D „Räum auf".

Analog wird mit dem restlichen Spielzeug verfahren, wobei die Mutter darauf achten sollte, daß nicht zuviel Spielzeug wegzuräumen ist. Günstig wäre, das Programm täglich vor dem Schlafengehen durchzuführen.

Reaktion:

Auf die Aufforderung „Räum auf" beginnt R. innerhalb von einerMinute nach dem S^D, das von der Mutter noch nicht aufgeräumte, im Zimmer herumliegende Spielzeug in die dafür vorgesehenen Behälter, Regale oder Schränke zu räumen. Die Zeit der Reaktion bis zum Erfolgen der Konsequenz richtet sich nach der Menge des vom Kind aufzuräumenden Materials (z.B. bei Teilschritt1 eine Minute, beim letzten Teilschritt entsprechend mehr Zeit). Bauwerke können stehenbleiben.

Konsequenz:

richtig:	*sozial: „prima" 100%*	*falsch: löschen*
	materiell: ein Fruchtzwerg 100%	

Kriterium:

Leistungskriterium:	*wenn R. an fünf aufeinanderfolgenden Tagen mindestens viermal richtig reagiert hat*
Abbruchkriterium:	*zweimal hintereinander nicht mehr als zwei von fünf richtig*

Datenerfassung:

Ereignisaufzeichnung

Generalisierung:

R. kann selbständig, aber noch in Anwesenheit der Mutter, das gesamte Zimmer aufräumen.Als Generalisierungsschritte geplant:

- *Entfernung der Mutter*
- *Einbeziehung anderer Personen (Vater, Großeltern etc.)*
- *Aufräumen in anderen Situationen (Besuch bei Großeltern u.ä.)*

11. Datenerhebung und Beobachtung des Verhaltens unter den Therapiebedingungen

In allen bei der Verhaltensbeobachtung registrierten Situationen wurde mindestens einmal pro Woche die Häufigkeit des Auftretens des unerwünschten Verhaltens erfaßt.

12. Regelmäßige Besprechung im Erzieherteam

Da das Verhalten im Kindergarten kein großes Problem darstellte, wurden hier Lernprogramme im Selbständigkeitsbereich durchgeführt.

Besprechung im Therapeutenteam – Teil 1

Vorbereitung für das Erstgespräch

Datum: ....

Name des Behinderten: ....

Alter: ....

Nennen Sie alle nichterwünschten Verhaltensweisen! Beginnen Sie mit der am meisten störenden Verhaltensweise:

Die folgenden Fragen beziehen sich ausschließlich auf die am meisten störende Verhaltensweise: Beschreiben Sie diese Verhaltensweise so genau wie möglich:

Legen Sie einen Beobachtungsplan fest.

1. Beobachten Sie mindestens ein- bis zweimal wöchentlich (s.a. Beobachtungskarte)
   a) aus welcher Situation heraus das Verhalten entsteht (Reize):

   b) was auf das Verhalten jeweils folgt, also das Verhalten der Erzieher, aber auch anderer Behinderter (Konsequenzen):

2. Die Häufigkeit der Verhaltensweise soll beobachtet werden in folgenden Situationen/zu folgenden Zeiten/in folgenden Räumen:

Das nächste Gespräch soll am .... stattfinden.

Besprechung im Therapeutenteam – Teil 2

Vorbereitung für das Gespräch während und nach der Verhaltensbeobachtung

Die unerwünschte Verhaltensweise tritt auf

a) in folgenden Situationen:

b) in folgenden Räumen:

c) bei Anwesenheit folgender Personen:

d) zu folgenden Zeiten:

Folgende Konsequenzen wurden beobachtet: Handelt es sich bei den genannten Konsequenzen um Belohnungen/Bestrafungen (jeweils hinter die Konsequenz schreiben)?

Welche Auswirkungen hatten die einzelnen Konsequenzen auf die Häufigkeit der unerwünschten Verhaltensweise?

Vergleichen Sie die Häufigkeiten in den verschiedenen Situationen, Räumen, zu den unterschiedlichen Zeiten und bei der Anwesenheit der verschiedenen Personen!

ARBEITSBLATT 21: *BESPRECHUNG IM THERAPEUTENTEAM - TEIL 2/2*

Wen stört diese Verhaltensweise?

Warum soll sie beseitigt werden?

Welche Vorteile ergeben sich für den Behinderten, wenn dieser das Verhalten beibehält?

Planung der Intervention

Nennen Sie Dinge (Speisen, Getränke, Spielsachen u.ä.) oder Ereignisse, die dem Behinderten Freude bereiten oder an denen er ein besonderes Interesse zeigt:

Woran erkennen Sie, daß er sich wohlfühlt?

Welche Personen werden von ihm bevorzugt, zu wem hat er ein gutes Verhältnis?

Nennen Sie Dinge oder Ereignisse, die ihm unangenehm sind.

Bei der folgenden Planung der Intervention können die eben genannten Konsequenzen verwendet werden. Welche Konsequenzen sollen bei Auftreten des nichterwünschten Verhaltens folgen?

Wann soll diese Intervention abgebrochen werden (bei welcher Häufigkeit des Auftretens der unerwünschten Verhaltensweise)?

Welche Konsequenzen sollen eingesetzt werden, wenn der Behinderte das nichterwünschte Verhalten nicht gezeigt hat (indem er z.B. spontan ein angemessenes Verhalten zeigt)?

Welches sozial erwünschte Verhalten soll der Behinderte in den problematischen Situationen zeigen (genau beschreiben!)?

Planung Aufbau des erwünschten Verhaltens

In welchen Schritten soll das erwünschte Verhalten aufgebaut werden?

Welche Hilfen sollen eingesetzt werden?

Welche Konsequenzen sollen bei richtiger Reaktion folgen?

Welche Konsequenzen sollen bei falscher Reaktion folgen?

Wann kann die Intervention abgebrochen werden (bei welcher Häufigkeit des Auftretens des erwünschten Verhaltens?)

Wenn das unerwünschte Verhalten trotz Intervention in gleichbleibender Häufigkeit gezeigt wird, sollen folgende Schritte geändert werden:

Das nächste Gespräch soll am .... stattfinden.

Besprechung im Therapeutenteam - Teil 3

Vorbereitung für das Gespräch während und nach Abschluß der Intervention

In welcher Weise veränderte sich das unerwünschte Verhalten unter den Therapiebedingungen?

Beobachteten Sie andere Veränderungen im Verhalten des Behinderten unter den Therapiebedingungen?

In welcher Weise soll das Auftreten des erwünschten Verhaltens weiter gefestigt werden?

Was kann getan werden, um das wiederholte Auftreten unerwünschter Verhaltensweisen bei diesem Behinderten in Zukunft zu vermeiden?

Was kann getan werden, um andere erwünschte Verhaltensweisen bei diesem Behinderten in Zukunft aufzubauen?

In welchen Abständen sind weitere Teamgespräche zu planen?